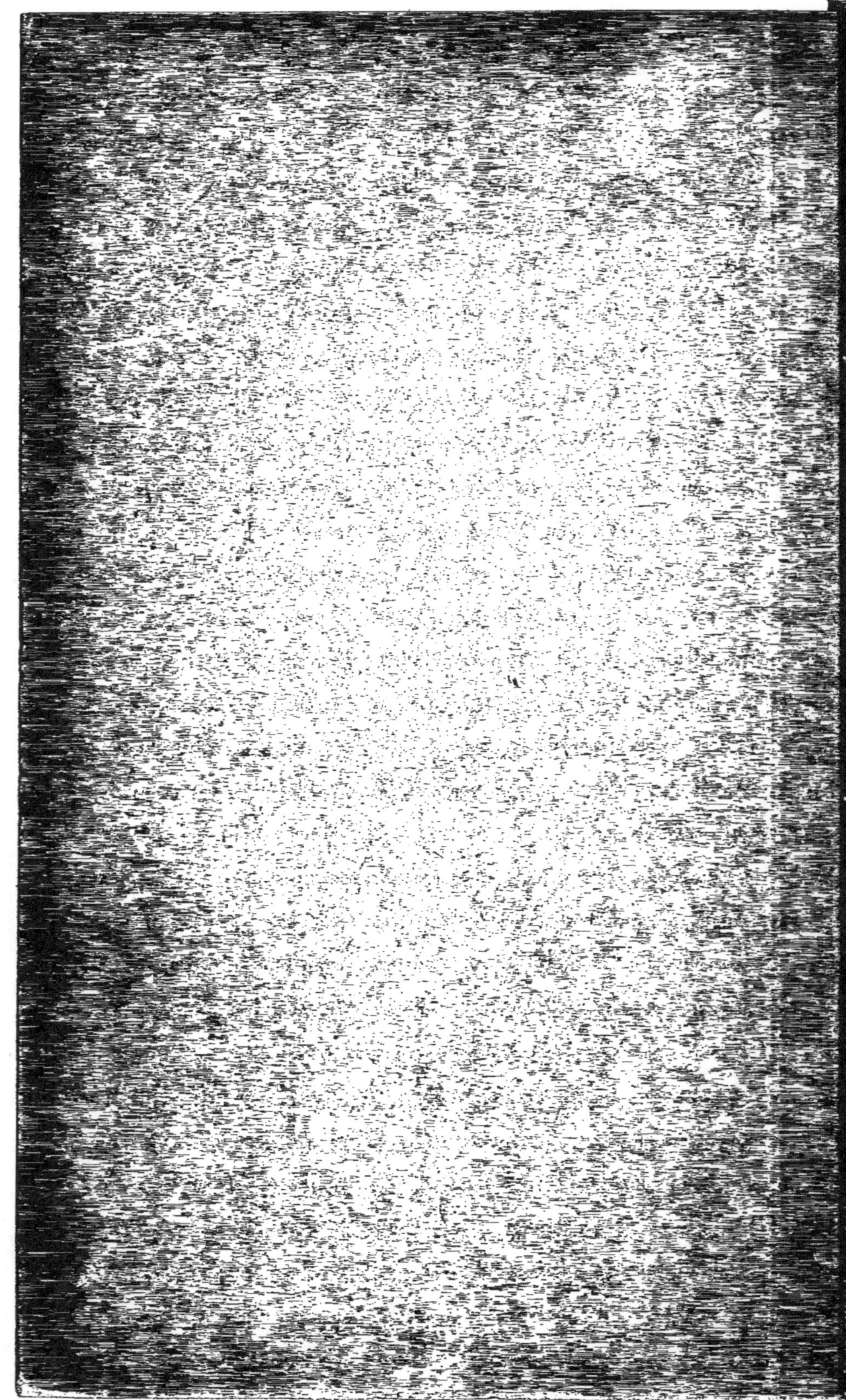

DE LA

DURÉE PERSISTANTE DE L'ENSEMBLE

DU

DROIT CIVIL FRANÇAIS

PENDANT ET DEPUIS LA RÉVOLUTION DE 1789

PAR M. VALETTE

MEMBRE DE L'INSTITUT

PROFESSEUR A LA FACULTÉ DE DROIT DE PARIS

MÉMOIRE

LU A L'ACADÉMIE DES SCIENCES MORALES ET POLITIQUES

EN DÉCEMBRE 1870

PARIS

1872

DES PUBLICATIONS ÉTRANGÈRES
KLINCKSIECK

DURÉE PERSISTANTE

DU

DROIT CIVIL FRANÇAIS

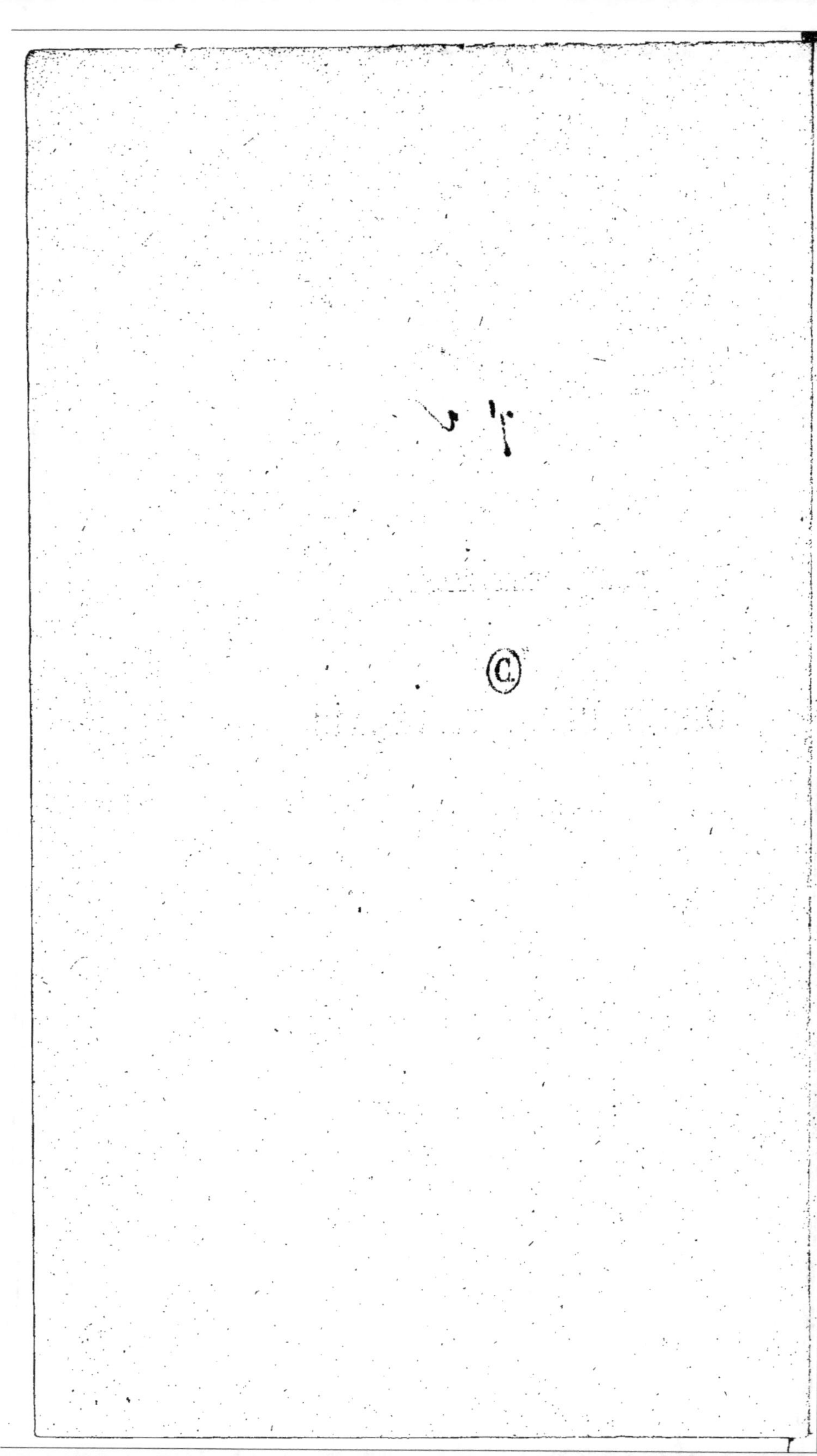

DE LA
DURÉE PERSISTANTE DE L'ENSEMBLE

DU

DROIT CIVIL FRANÇAIS

PENDANT ET DEPUIS LA RÉVOLUTION DE 1789

PAR M. VALETTE

MEMBRE DE L'INSTITUT

PROFESSEUR A LA FACULTÉ DE DROIT DE PARIS

MÉMOIRE

LU A L'ACADÉMIE DES SCIENCES MORALES ET POLITIQUES

EN DECEMBRE 1870

PARIS

1872

—

EXTRAIT DU COMPTE-RENDU
De l'Académie des sciences morales et politiques,
RÉDIGÉ PAR M. CH. VERGÉ, AVOCAT, DOCTEUR EN DROIT,
Sous la direction de M. le Secrétaire perpétuel de l'Académie.

—

DE LA DURÉE PERSISTANTE DE L'ENSEMBLE

DU

DROIT CIVIL FRANÇAIS

PENDANT ET DEPUIS LA RÉVOLUTION DE 1789.

§ Ier

On est généralement trop disposé à croire que la Révolution a tout bouleversé et tout refait dans notre pays, et que nos codes, par exemple, sont de véritables créations du législateur moderne. Mais c'est là une erreur qu'un examen un peu attentif ne tarde pas à dissiper. Il n'entre pas dans le plan du travail que nous soumettons à l'Académie, d'indiquer les nombreux emprunts que notre droit criminel, notre procédure civile et même notre législation administrative (1) ont faits aux institutions analogues de l'ancienne France. Quant au droit commercial, qui tient de très-près à notre sujet sans y rentrer précisément, nous nous bornerons à dire que ce droit, renfermé aujourd'hui dans un code spécial *(code de commerce)*, n'est guères qu'une reproduction des grandes ordonnances de Louis XIV, dites *du commerce et de la marine* (1673 et 1684), ordonnances ré-

---

(1) En ce qui regarde l'administration, nous renvoyons au remarquable ouvrage de M. de Tocqueville, intitulé : *L'Ancien régime et la Révolution*, 1 vol. in-8°.

1

digées par les plus savants jurisconsultes, et qui furent partout admirées en Europe et prises pour modèles.

Nous devons restreindre notre examen à une matière déjà fort étendue, c'est-à-dire à ce que l'on entend d'ordinaire aujourd'hui par *droit civil*. C'est proprement le *jus privatum* des Romains, ainsi dit par opposition au *jus publicum*, et qui règle les rapports des particuliers entre eux; seulement chez les Romains le *jus privatum* embrasse ce que nous appelons *droit commercial*, et même la procédure. Le code appelé chez nous code civil, et dont le renom est si grand en France et au dehors, régit les innombrables rapports (non commerciaux) des particuliers entre eux, c'est-à-dire leurs droits et leurs devoirs mutuels, au point de vue, soit de la famille, soit des biens ou du patrimoine. Là dedans rentre donc tout ce qui regarde l'état et la capacité des personnes, le domicile, le mariage, la paternité et la filiation, les tutelles et les curatelles, la propriété et les charges qui la grèvent, les successions et les donations entre-vifs ou testamentaires, la vente ainsi que les autres contrats et les obligations qui en découlent. Or, dans cette partie si vaste et si importante de la science du droit, qui réglemente nos intérêts les plus immédiats, et, pour ainsi dire, le fond même de notre vie, il y a un fait très-digne d'attention, c'est la persistance de la plupart des règles (fondamentales ou secondaires), après tant d'événements qui paraissaient devoir bouleverser la Société. Nous n'entendons pas nier ici l'existence de certaines réformes, même assez notables, dues à l'influence de la Révolution; et nous les signalerons un peu plus loin. Mais, nous le répétons, l'ancien droit civil dans son ensemble, et même dans le plus grand nombre de ses parties, a montré une vitalité énergique. C'est comme un arbre puissant, auquel la cognée a retranché quelques branches, et qui n'en demeure pas moins enraciné dans le sol.

La persistance des traditions anciennes, quant à cette partie de notre législation, est clairement indiquée par M. Portalis dans son *discours préliminaire sur le projet de code civil*, discours où l'on trouve tant de hautes vues philosophiques et d'observations judicieuses. Après avoir reconnu que l'esprit de conservation ne doit pas être aveugle, et qu'on doit savoir remplacer « des institu- « tions usées et défectueuses, » il continue en disant : « Il est utile de conserver tout ce qu'il n'est pas né- « cessaire de détruire; les lois doivent ménager les ha « bitudes, quand ces habitudes ne sont pas des vices. « On raisonne trop souvent comme si le genre humain « finissait et commençait à chaque instant, sans aucune « sorte de communication entre une génération et celle « qui la remplace. Les générations, en se succédant, se « mêlent, s'entrelacent et se confondent. Un législateur « isolerait ses institutions de tout ce qui peut les natu- « raliser sur la terre, s'il n'observait avec soin les rap- « ports naturels qui lient toujours, plus ou moins, le « présent au passé et l'avenir au présent, etc. (1). »

Sans doute le droit ancien dont nous parlons présentait de nombreuses variétés. Ainsi on distinguait les pays de coutumes et ceux que régissait le droit écrit ou

______

(1) V. Fenet, t. I, p. 481.

droit romain, la Loire formant à peu près la ligne de démarcation entre ces deux parties de la France; en outre les coutumes elles-mêmes différaient sur beaucoup de points. Et cependant notre droit civil avait déjà autrefois un certain caractère d'unité et de généralité bien connu des jurisconsultes.

D'abord, quoiqu'il y eût une soixantaine de coutumes générales ou provinciales, et un nombre beaucoup plus considérable de coutumes locales (restreintes à un district ou à une ville), néanmoins on s'accordait à reconnaître un *droit coutumier*, dont les règles fondamentales se retrouvaient partout les mêmes dans les pays de coutume; les détails seuls d'application variaient suivant les localités. Ainsi la communauté de biens entre époux était reçue en pays coutumier comme régime matrimonial usuel et tacitement convenu, tandis que le régime dotal, d'origine romaine, était suivi en pays de droit écrit. De même, les coutumes s'accordaient à restreindre les effets des dispositions testamentaires, que le droit écrit voyait au contraire avec faveur; la véritable succession coutumière était celle des parents. Nous pourrions là-dessus multiplier les exemples. C'est ce droit commun ou général des coutumes que Portalis a en vue, lorsqu'il dit, immédiatement avant le passage transcrit plus haut : « Nous avons fait, s'il est permis « de s'exprimer ainsi, une transaction entre le droit « écrit et *les coutumes*, toutes les fois qu'il nous a été « possible de concilier leurs dispositions, ou de les mo- « difier les unes par les autres, sans rompre l'unité du « système, et sans choquer l'esprit général. »

Mais, allant plus loin, il faut constater que, même dans l'ancien régime, une partie considérable du droit civil avait déjà un caractère d'universalité absolu, où s'effaçait la ligne de démarcation tracée entre les deux grandes parties de la France.

Cela provenait surtout de la direction supérieure imprimée par le droit romain, qu'on appelait usuellement, pour qualifier son éminence, *le droit*, ou *le droit civil*, ou encore, ce qui est un beau témoignage de vénération, *la raison écrite*. Ce droit, dit le regrettable et savant Klimrath, « acquit peu à peu une autorité de doc- « trine comme raison écrite, et comme Droit commun « de tous les peuples de la Chrétienté. Cette autorité, dé- « jà solidement établie au xv⁰ siècle, a pu être reconnue « expressément par les rédacteurs des coutumes de Bour- « bonnais, de la Haute-Marche, du duché et du comté « de Bourgogne, sans que ces pays cessassent pour cela « d'être pays coutumiers. Le Droit romain planait au- « dessus des coutumes et des lois positives, comme une « sorte de logique universelle appliquée au Droit; on y « trouvait des règles d'interprétation, des règles supplé- « tives, des analogies fécondes (1). »

Le droit canonique ou ecclésiastique, tenant par de nombreux points de contact au droit civil, y avait aussi introduit des dispositions communes à toute la France. Entre autres, on peut citer presque tout ce qui regardai les conditions requises pour la validité du mariage. La légitimation des enfants naturels par mariage subsé-

(1) *Travaux sur l'histoire du droit français,* recueillis et publiés par M. Warnkœnig, 1843, t. II, p. 220.

quent était encore une règle empruntée au droit canonique, et universellement admise.

Enfin plusieurs matières, comme celle des actes de l'état civil (dont la tenue était confiée au clergé), des donations, des testaments, des substitutions, des preuves testimoniale et littérale, etc., avaient été réglées en détail par les Édits, Ordonnances ou Déclarations des rois. Il y avait déjà là comme un essai de codification.

Le droit civil de l'ancienne France n'a guère attiré l'attention des philosophes du XVIIIe siècle, qui ont remué tant d'idées et préparé tant de réformes. Cette partie du droit est, en elle-même, peu accessible au public : elle exige des études tout-à-fait spéciales, dont beaucoup de gens redoutent les difficultés, les longueurs, et ce qu'ils nomment l'aridité ; c'est à peine si les premières notions élémentaires en sont acquises dans l'éducation usuelle. Il y avait bien autrefois, comme aujourd'hui, des hommes qui, par état, devaient étudier le droit, magistrats, avocats ou professeurs. Mais d'ordinaire les jurisconsultes, même les plus éminents, ont manifesté peu de goût pour des innovations tant soit peu hardies ; et leurs projets de réformes en jurisprudence ne portent guère que sur des questions d'interprétation ou de méthode.

Ce qui avait préoccupé les esprits, à l'époque dont nous parlons, c'était d'abord le droit public, notamment au point de vue des impôts et de l'administration financière, puis le droit criminel dont on accusait, soit la dureté extrême, soit l'arbitraire et l'obscurité. Voltaire a, il est vrai, flétri de son indignation les traces de servitude qui existaient encore dans certaines coutumes, sous le nom de *main-morte*. Mais il s'agissait là d'un cas extraordinaire, et d'un abus tout-à-fait criant. Des voix éloquentes s'élevèrent aussi en faveur des mariages des protestants (1) ; mais c'était là une thèse de droit naturel et de droit public, au moins autant que de droit civil.

Ce mémoire était déja rédigé, lorsque j'ai retrouvé dans un ouvrage sur l'organisation judiciaire et la procédure civile chez les Romains, par M. Bonjean, aujourd'hui président de chambre à la Cour de cassation (2), un passage dont les lignes qui précèdent ne sont peut-être qu'une réminiscence (3). M. Bonjean, parlant de l'établissement, désirable selon lui, du jury en matière civile, arrive à se demander pourquoi les hommes de notre Révolution, si ardents réformateurs de la législation criminelle, ont reculé devant l'établissement du jury pour le jugement des procès civils (4). Nous transcrivons ici le passage du savant auteur : « Si les philosophes qui

(1) Discours de Servan, prononcé en 1767, au sujet du mariage d'une femme protestante.

(2) Depuis la lecture de ce mémoire à l'Académie (décembre 1870), M. Bonjean a péri, comme on sait, avec Mgr Darboy, archevêque de Paris, et de nombreuses autres victimes, assassiné par les agents de la commune de Paris (24 mai 1871).

(3) *Traité des actions*, etc., *chez les Romains*, Paris, 1845, t. I, p. 208.

(4) Le jury civil fut proposé à l'Assemblée constituante par Sieyès et Duport, auxquels se joignit Thouret. La même motion fut reproduite, et échoua encore, à la Convention nationale.

« donnaient le ton à ce siècle (le dernier, ou XVIIIe); et
« qui préparaient par leurs écrits la grande rénovation
« de 1789, étaient parfaitement en état de comprendre
« la nécessité d'une réforme dans notre législation cri-
« minelle, il s'en fallait de beaucoup qu'ils fussent dans
« d'aussi bonnes conditions relativement aux réformes
« à accomplir dans l'ordre du droit civil..... Cette par-
« tie de nos institutions judiciaires était à peu près in-
« connue des philosophes; et quant aux hommes de
« pratique et de barreau, qui seuls auraient pu la juger,
« ils sont, en général, peu amateurs des réformes, soit
« que leur expérience leur en fasse mieux apercevoir les
« difficultés, soit que l'habitude et une longue pratique
« finissent par nous familiariser tellement avec les ob-
« jets, que nous cessions d'en apercevoir les difformités
« les plus saillantes. »

Cependant il y a eu des changements dans notre droit
civil; nous l'avons déjà indiqué plus haut, et cela est in-
contestable. Quelle en est exactement la portée et l'étendue? C'est ce que nous devons tâcher de déterminer, afin
de montrer jusqu'à l'évidence que ce droit n'a pas péri
avec l'ancien régime. Mais ici, pour bien apprécier les
résultats, il importe d'en connaître les causes. Il faudra
rechercher quelles idées, quels principes nouveaux ont,
depuis 1789, agi dans le sens de changements à appor-
ter au droit civil français. Il y aura même de l'intérêt à
rechercher par quelles vicissitudes ont passé les projets
des novateurs, afin de distinguer dans leurs œuvres législatives, d'une part, ce qui a été faux, exagéré, et par
suite frappé d'impuissance, et, d'autre part, ce qui,

étant renfermé dans une juste mesure, a eu la sanction
de l'opinion publique, et s'est définitivement implanté
dans les lois. Cette partie de notre sujet, qui ne se présente qu'en troisième ligne, est néanmoins celle qui don-
nera lieu aux plus grands développements, parce qu'il
faut, pour la traiter avec quelque soin, passer en revue
un grand nombre de textes, et notamment ceux de plusieurs projets de code civil.

§ II

Nous avons annoncé que, pour suivre un ordre logique, nous devions remonter aux causes ou origines des
changements dont l'étude nous occupe, en d'autres termes, rechercher quelles idées nouvelles ont réussi, depuis 1789, à se faire jour dans le domaine du droit
civil. Or, il ne faut pas un long examen pour reconnaître, dès le début de la Révolution, et dans les cahiers
mêmes des bailliages, l'avènement de deux grands principes, qui bientôt allaient avoir une vogue et une popu-
larité incontestables.

L'un de ces principes dirigeants est l'égalité des personnes et des biens devant la loi. L'autre est la séparation, aussi complète que possible, des pouvoirs spirituel
et temporel (1).

(1) MM. Aubry et Rau (*Cours de droit civil français*, 3ᵉ édit.,
t. I, *Introduction*, p. 12), indiquent encore un troisième principe,
comme admis par la Révolution et opposé à l'ancien droit : c'est
l'abolition de la féodalité. Mais cette abolition se rattache à une
idée beaucoup plus large, celle de l'égalité civile, qui a eu bien

Parlons d'abord du principe de l'égalité civile. L'in
fluence en fut considérable, parfois même excessive,
pendant le cours de la Révolution. Puis il fléchit et per-
dit du terrain, même avant le Consulat, par un de ces
mouvements en arrière, présque toujours faciles à pré-
voir, qu'on désigne de nos jours par le mot très-expres-
sif de *réaction*. Une des premières manifestations publi-
ques, et la plus éclatante peut-être, du sentiment de
l'égalité, fut celle de la fameuse nuit du 4 août 1789,
où l'Assemblée nationale déclara « détruire entièrement
« le régime féodal. » Par suite, et presque aussitôt (1),
furent expressément abolis sans indemnité, et les justices
seigneuriales, et divers priviléges seigneuriaux dont on
se plaignait depuis longtemps, à savoir les droits exclu-
sifs de fuies et de colombiers, de chasse et de garennes
ouvertes. Quant aux autres conséquences du principe,
elles donnèrent lieu à de longues discussions dans la
la même Assemblée nationale et dans les suivantes, et
aussi plus tard au Conseil d'État (2).

Pendant longtemps on parut d'accord pour admettre
que les décrets de 1789, en détruisant « le régime féo-

d'autres résultats. — Comp. la *Traduction du droit civil français*, par Zachariæ, annoté et rétabli suivant l'ordre du Code, par
MM. Massé et Vergé, t. I, p. 19 et 20.

(1) Séances des 6, 7, 8 et 11 août 1789. La sanction de toutes
ces mesures ne fut donnée, par lettres-patentes du Roi, que le
3 novembre suivant.

(2) M. Henri Doniol a fait là-dessus de très-intéressantes recher-
ches, dans un travail, lu à l'Académie, sur « l'abolition de la féo-
« dalité et des droits féodaux en France. »

dal » avaient voulu abolir, outre les prérogatives hono-
rifiques en général, tous les émoluments ou avantages
pécuniaires *dérivant de la puissance seigneuriale*, mais
sans entendre le moins du monde anéantir les droits à
des prestations de nature ordinaire (en argent, denrées
ou services), lorsque ces rentes avaient été stipulées,
même sous la forme d'un contrat féodal (1), comme prix
d'aliénations faites par les seigneurs propriétaires du
sol (2). C'est ce que l'on a souvent exprimé en distin-
guant la *féodalité dominante* de la *féodalité contractante*.
Mais l'application de ces idées fut encore très-laborieuse :
car dans le pêle-mêle des charges de toute espèce, dé-
signées, selon les pays, par une foule de noms, souvent
très-bizarres, il fallait déterminer ce qui devrait être
maintenu, comme non honorifique et compatible avec le
droit commun (3); puis, question encore très-grave,
par quelles sortes de preuves, écrites ou autres, les anciens seigneurs, ou leurs représentants, seraient admis
à justifier des aliénations par eux consenties.

Sur ce dernier point, un décret du 17 juillet 1793
vint brusquement couper court aux difficultés, en déclarant abolies sans indemnité et en masse, toutes les rentes entachées de féodalité, sans distinguer si elles cons-

(1) A titre de fief ou de censive.

(2) Depuis la loi du 29 décembre 1790, les débiteurs de toutes
redevances perpétuelles, sans exception aucune, ont pu s'en affran-
chir, en fournissant un capital représentatif du revenu.

(3) Ainsi de longues discussions s'élevèrent au sujet des droits
dits de *lods et ventes*, payables au seigneur lors de chaque sous-
aliénation.

tituaient ou non la valeur stipulée comme prix dans un contrat d'aliénation (1).

Laissant maintenant de côté ce qui a trait au régime féodal, nous trouvons, à partir de 1790, beaucoup d'autres applications législatives du principe de l'égalité. Ainsi on abolit dans les successions le droit d'aînesse là où il existait pour les biens nobles, et les exclusions coutumières qui dépouillaient les filles au profit des mâles, et aussi les distinctions établies entre les enfants issus de différents mariages (2). Puis, en 1792, furent prohibées les substitutions fidéicommissaires, destinées à entretenir l'éclat et l'influence des grandes familles, les biens substitués étant mis hors du commerce et ordinairement transmissibles aux descendants du grevé, de mâle en mâle et par ordre de primogéniture (3). Plus tard de nou-

---

(1) Les deux premiers articles du décret du 17 juillet 1793 sont ainsi conçus :

ART. 1er. — « Toutes redevances ci-devant seigneuriales, droits « féodaux, censuels, fixes et casuels, même ceux conservés par le « décret du 25 août dernier, sont supprimés sans indemnité. »

ART. 2. — « Sont exceptées des dispositions de l'article précé-« dent, les rentes ou prestations purement foncières et non féo-« dales. »

A aucune époque, depuis 1793, on n'a osé revenir sur cette mesure, dont l'iniquité est si évidente. Sans doute on n'a pas jugé possible de faire reprendre aux débiteurs, surtout dans les campagnes, le fardeau de charges dont une loi les avait affranchis.

(2) Loi des 8-15 avril 1791, art. 1er ; comp. notre C. civ., art. 745.

(3) Loi du 14 novembre 1792. On est ici en dehors des *successions* proprement dites : car *l'appelé* au bénéfice de la substitution

velles lois (1), reprenant la matière de successions, les réglèrent, en ligne collatérale, de manière à arriver au plus grand morcellement possible des fortunes ; elles restreignirent aussi, jusqu'à l'excès, le droit de disposer à titre gratuit. Ces dernières mesures furent encore aggravées par une rétroactivité des moins justifiables, qui vint troubler une multitude d'intérêts. Nous reviendrons sur ces lois, en examinant les projets de code civil, présentés à la Convention nationale et à d'autres gouvernements de la France, avant le code actuellement en vigueur (2).

Le même esprit a eu, sans aucun doute, quelque part à la suppression du droit de retrait (3) dit *lignager*, lequel tendait énergiquement à la conservation d'héritages ou biens immobiliers dans la *ligne* (paternelle ou maternelle) de la parenté du propriétaire (4).

Du second principe, la séparation de l'Église et de l'État, on devait naturellement déduire la sécularisation des lois sur le mariage. Aussi la Constitution du 3 septembre 1791 déclara-t-elle ne considérer le mariage

tient son droit, non du *grevé* décédé, mais du *disposant* primitif (*non a gravato sed a gravante*).

(1) V. notamment celle du 17 nivôse an II.

(2) V. la 4ᵉ partie de ce mémoire.

(3) Le *retrait* en général est le droit d'écarter, dans certains cas, l'acquéreur d'un bien, qu'on lui reprend ou *retire*, en l'indemnisant de ce qu'il a déboursé pour l'acquisition.

(4) Le retrait lignager n'a point reparu dans le Code civil actuel. On peut voir, quant aux retraits qui y sont maintenus, les articles 841, 1408, 1699 à 1701.

« que comme contrat civil » (1), ce qui, plus tard, amena l'établissement du divorce (2). De là aussi la remise des registres de l'état civil à des magistrats municipaux, fonctionnant pour tous les individus, sans distinction de culte (3), tandis qu'auparavant la tenue de ces registres appartenait au clergé catholique (4).

C'est encore en affirmant l'indépendance de la loi civile qu'on a abandonné la doctrine rigoureuse (bien que tempérée par certaines distinctions) du droit canonique sur l'usure, pour admettre, dans la limite d'un taux déterminé, la légitimité du prêt à intérêt (5).

On comprendra facilement que nous n'ayons pas rangé ici, parmi les principes nouveaux dont l'influence doit être constatée, celui de *l'unité de législation*. En effet, la pensée d'anéantir la diversité des coutumes et des jurisprudences locales, et d'établir pour la France entière une seule et unique législation (comme un système unique de poids et de mesures), cette pensée, disons-nous, remonte bien au-delà de 1789. Elle se trouvait même déjà en partie réalisée, et par l'autorité, expressément ou tacitement reconnue, du droit romain, et par la

(1) Tit. 2, art. 7.

(2) Loi *sur le divorce*, du 20 septembre 1792. Le préambule de cette loi invoqué la disposition constitutionnelle que nous venons de citer.

(3) Loi du même jour, 20 septembre 1792, *sur le mode de constater l'état civil des citoyens.*

(4) A diverses époques il y avait eu de grandes difficultés, relativement à l'état civil des protestants.

(5) Loi des 3-12 octobre 1789.

puissance des Rois, dont les ordonnances avaient réglé beaucoup de matières, souvent très-importantes (1). Cette marche lente, mais continue, des ordonnances vers l'uniformité législative tenait d'ailleurs au mouvement général qui, depuis longtemps, entraînait la France à ce qu'on nomme aujourd'hui la *centralisation*. Ici donc la Révolution de 1789 n'a fait que suivre une voie tracée d'avance; mais elle s'y est jetée avec l'ardeur et la confiance d'un pouvoir devenu irrésistible. N'étant plus soumise à aucun contrôle, à aucune gêne, à aucun respect du passé, elle put regarder la codification comme réalisable immédiatement et dans son entier. Pourquoi eût-on ménagé encore la diversité des lois et coutumes provinciales, lorsqu'on avait fait disparaître les provinces elles-mêmes (2)? Ces considérations n'ont pas échappé à la sagacité de Portalis. Dans le discours préliminaire, déjà cité plus haut (3), sur le projet du Code civil, Portalis rappelle d'abord qu'autrefois des magistrats recommandables avaient conçu le projet d'une législation uniforme; et, à ce sujet, il cite le mot de Montesquieu que « l'uniformité est un genre de perfection qui saisit quelquefois les grands esprits, et frappe infailliblement les « petits. » Puis après avoir montré les difficultés qu'une pareille œuvre présentait en France, il ajoute : « Tout-

---

(1) Ceci a déjà été indiqué, pages 9 et 10.

(2) L'opinion publique a réagi contre certains abus de la *centralisation administrative*. On a même parfois critiqué la division en départements, regretté les anciennes provinces, etc. Mais *l'unité de législation* semble être partout acceptée comme un bienfait.

(3) V. Fenet, t. I. p. 464.

« à-coup une grande révolution s'opère. On attaque
« tous les abus, on interroge toutes les institutions.....
« La prudence qui tolérait tout, fait place au désir de
« tout détruire. — Alors on revient aux idées d'unifor-
« mité dans la législation, *parce qu'on entrevoit la pos-*
« *sibilité de les réaliser.* »

§ III

Reprenons maintenant ce que nous n'avons fait
qu'indiquer très-sommairement plus haut, et voyons
quelle influence les principes de 1789 ont eue sur le
droit civil. Pour cela il faut comparer la nouvelle législa-
lation avec l'ancienne, en laissant encore de côté, dans
cette revue générale, les points tout-à-fait secondaires,
qui n'auraient guères d'intérêt que pour les jur150con-
sultes de profession. Plus tard, nous pourrons sans trop
fatiguer nos lecteurs, du moins nous l'espérons, entrer
dans un peu plus de détails, à propos des essais législatifs
qui ont précédé la codification actuelle. Ce sera l'objet
de notre troisième et dernière partie. Quant à présent,
nous nous bornons à indiquer les différences un peu
notables que présente le nouveau droit civil comparé à
l'ancien.

Les règles sur l'organisation de la famille et l'état des
personnes n'ont guères changé.

Cependant le droit nouveau a admis et réglementé
l'adoption, inconnue dans nos anciens usages, et que
recommandaient surtout, nous paraît-il, les souvenirs
de l'antiquité classique; car elle figure dans les lois de

la Révolution les plus défavorables à la liberté de disposer à titre gratuit. Du reste l'adoption n'a que trèspeu été mise en pratique, si ce n'est par des pères et mères naturels au profit de leurs enfants ; et la validité même de l'adoption, dans ce cas, a été longtemps contestée sous l'empire du Code civil. Nous n'avons pas à nous arrêter sur le divorce, grande nouveauté chez nous, et dont nous avons dit quelques mots plus haut, en indiquant les nouveaux principes qui ont eu de l'influence sur le droit. Le divorce emprunté, comme l'adoption, aux lois révolutionnaires par les auteurs du Code, a été depuis aboli par la loi du 8 mai 1816.

Le mariage, resté d'ailleurs complètement sécularisé, est soumis à des règles qui présentent une analogie frappante avec celles du droit ancien. La puissance paternelle est beaucoup moins affaiblie qu'on ne le croit communément, surtout si nous nous reportons aux usages des pays de coutume. La puissance maritale est maintenue à peu près sur le même pied. A certains égards, on peut dire qu'elle est augmentée plutôt que diminuée : ainsi, les femmes mariées sous le régime dotal, ont aujourd'hui sur leurs biens paraphernaux moins de pouvoir qu'elles n'en avaient dans les pays de droit écrit (1).

L'état général des étrangers a été, en principe, beau-

(1) V. C. civ. art. 1576. — De même encore les femmes séparées de biens ne peuvent plus aujourd'hui ester en jugement (plaider) sans autorisation du mari ou de justice ; Comp., à cet égard, Cout. de Paris, art. 224 ; Pothier, *Traité de la puissance du mari, etc.*, n° 61, et C. civ. art. 215 et 218.

coup amélioré; seulement, il faut noter que, avant la Révolution, un grand nombre de traités, conclus avec divers États de l'Europe, accordaient aux citoyens ou sujets de ces États une participation plus ou moins grande aux avantages de notre droit civil. Mais, d'un autre côté, par une mesure de défiance, la loi actuelle a notablement modifié (1) l'ancienne règle de droit commun européen, reconnue par toutes nos Constitutions antérieures au Code, d'après laquelle le fait seul de la naissance d'un individu en France lui attribuait de plein droit, et sans aucune formalité à remplir, la qualité de Français.

Les règles sur la propriété, tant mobilière qu'immobilière, subsistent presque en entier, y compris ce qui a trait aux démembrements ou droits réels portant les noms classiques du droit romain : usufruit, usage et habitation, servitudes ou services fonciers. Ce qui a disparu, comme nous l'avons dit en parlant des réformes de 1789 et années postérieures, ce sont les droits immobiliers de provenance féodale, ou modifiés par la féodalité, se rattachant tous, sous une multitude de noms divers, à la notion d'un domaine *direct* ou *éminent*, distinct du domaine *utile* (2). En définitive, comme on le voit, les changements de cet ordre, qui simplifient les notions de la propriété foncière, ne sont qu'un retour au droit le plus ancien et le plus

(1) Art. 9 du C. civ.; aj. lois du 22 mars 1849 et du 7 février 1851.

(2) La formule abrégée de ce changement notable existe dans le 1er projet de Cambacérès, liv. 2, tit. 2, § 1, art. 3, en ces termes : « Le domaine direct ne peut pas être séparé du domaine utile. »

conforme à la nature des choses, admirablement exposé par les jurisconsultes romains, et altéré depuis par l'invasion de la féodalité dans les coutumes.

Toujours selon l'esprit du droit romain, notre Code range parmi les simples *créances mobilières* toutes les rentes, sans distinction, même celles qui, dans l'ancien droit français, étaient dites *foncières*, et constituaient de véritables démembrements de la propriété. Ces rentes foncières, qui ne supposaient aucun *domaine éminent*, avaient été longtemps maintenue pendant la Révolution avec leur nature immobilière, quoiqu'elles fussent déclarées rachetables (1) ; elles figurent ainsi dans les trois projets de Cambacérès présentés à la Convention et au conseil des Cinq-cents. Du reste, la jurisprudence a reconnu que leur mobilisation ne date pas du Code civil (art. 529 et 530), mais qu'elle remonte à la loi du 11 brumaire an VII, *sur le régime hypothécaire*, dont l'article 7 déclarait que ces rentes ne pourraient plus à l'avenir être frappées d'hypothèque.

Le système actuel des successions est sans doute beaucoup moins que celui des coutumes, favorable à la conservation des biens dans les familles ; car il n'admet plus qu'on recherche l'origine des immeubles dans une hérédité, pour les attribuer aux parents paternels ou maternels du défunt suivant que les biens proviennent de l'une ou de l'autre ligne (*paterna paternis, materna maternis* (2). Notre régime actuel des successions a

(1) Loi du 18 décembre 1790 ; V. notamment les art. 1 et 3 du tit. 5, et le tit. 6.

(2) Cette ancienne règle, qui donnait lieu à de grandes com-

beaucoup d'analogie avec celui que Justinien a définitivement arrêté, dans ses fameuses constitutions ou *Novelles*. Cependant, les deux législations diffèrent sur plusieurs points. Chez nous, en général, les ascendants sont moins bien traités, et doivent parfois admettre le concours de parents collatéraux très-éloignés. A l'inverse, les descendants de frères et sœurs, qui jouissent du droit de représentation à l'infini, sont aujourd'hui plus favorisés. Nous verrons bientôt que les lois de l'époque dite *intermédiaire* (de 1789 au Code) ont eu généralement, en ce qui regarde les successions, une tendance très-démocratique. Notre Code a pris, à cet égard, une sorte de terme moyen qui paraît équitable, et contre lequel on ne voit pas que l'opinion publique ait réclamé.

Une observation analogue doit être faite relativement à la condition des enfants naturels. Les rédacteurs du Code montrent encore ici un grand esprit de modération ; ils s'écartent, et de la rigueur de l'ancien droit qui réduisait les enfants naturels à une simple créance alimentaire, et du relâchement des lois postérieures à 1793, lesquelles, effaçant toute distinction entre les enfants nés du mariage et les enfants naturels, faisaient entrer ces derniers dans la famille de leur père et de leur mère, et leur attribuaient la plénitude des droits de succession.

plications, a été remplacée par la division de tout le patrimoine du défunt en deux parts égales, dont l'une est dévolue à la ligne paternelle et l'autre à la ligne maternelle. V. loi du 17 nivôse an II, art. 77 à 90, et C. civ., art. 733.

Les règles du droit coutumier, sur l'ouverture des successions et la saisine des héritiers, sur le droit d'accepter les successions ou d'y renoncer, sur le bénéfice d'inventaire, le partage et ses effets, etc., etc., ont constamment servi de guides aux rédacteurs de notre Code actuel.

Le Titre de ce Code, qui traite *des donations entre vifs et des testaments*, est modelé sur les dispositions des ordonnances de 1731 et de 1735. Un article spécial très-important (art. 1098) reproduit une disposition du fameux édit appelé *des secondes nôces* (année 1560), pour empêcher l'abus des libéralités faites à un nouvel époux, au préjudice des enfants d'un premier lit. L'auteur lui-même de cet édit, le chancelier Michel de l'Hôpital, l'avait tiré de deux constitutions impériales *(fœminæ quæ... et ab edictali)*, insérées au Code de Justinien sous la rubrique *de secundis nuptiis* (Liv. 5, Tit. 9, LL. 3 et 6).

Toute la théorie *des contrats et des obligations*, ainsi que les règles spéciales aux divers contrats, tels que la vente, le louage, la société, etc., sont puisées dans les ouvrages de nos anciens jurisconsultes, et surtout de Pothier; ceux-ci, d'ailleurs, en traitant les mêmes sujets, ne faisaient souvent eux-mêmes que reproduire la doctrine des jurisconsultes romains, reçue comme *raison écrite* (ainsi que nous l'avons dit plus haut) dans la France tout entière.

Le Titre *de la prescription* (le dernier du Code) est encore une sorte de résumé de l'ancienne pratique, offrant un assez curieux mélange de droit romain et de droit coutumier. A ce sujet, nous ferons remarquer que presque toujours sur les points où les deux droits, au lieu de s'expliquer et de se fortifier l'un par l'autre, sont directement en conflit, le législateur moderne tranche la question dans le sens du droit coutumier, regardé comme plus éminemment national. Nous en voyons un notable exemple dans le régime de la *communauté de biens*, qui est aujourd'hui le droit général et ordinaire pour les époux à défaut de conventions matrimoniales, tandis que le régime dotal doit être formellement stipulé (1).

Le fond des principes du droit romain se retrouve dans le régime hypothécaire moderne, avec une grande partie des formes et de la procédure de l'ancien droit français. Nos innovations à cet égard ne consistent guère que dans des moyens de publicité, empruntés aux usages de certaines provinces du nord de la France. Quelques essais de publicité générale en matière d'hypothèques avaient déjà été faits dans l'ancien régime.

<h3 style="text-align:center">§ IV</h3>

Ainsi que nous l'avons annoncé en donnant le plan de ce mémoire, nous devons rechercher comment le droit civil a été envisagé dans les essais législatifs en grand, ou projets de Code, rédigés pendant la Révolution. Nous examinerons successivement quatre de ces projets de Code civil, dont trois ont été présentés à la

---

(1) V. C. civ., art. 1392, 1393 et 1400.

Convention nationale ou au conseil des Cinq-cents par Cambacérès, au nom de divers comités ou commissions.

Prenons d'abord le premier projet (1), rédigé en moins de six semaines, à la suite de la Constitution du 24 juin 1793, où il est dit (art. 85) que « le Code « des lois civiles et criminelles est uniforme pour toute « la république, » et du décret du lendemain 25 juin, portant que le comité de législation serait tenu de présenter, *sous un mois,* un projet de Code civil. Ce délai si court ne fut guère dépassé, le travail ayant été apporté à l'Assemblée par Cambacérès au nom du comité de législation, le 9 août; seulement, des quatre livres dont il devait se composer, les trois premiers seuls étaient rédigés.

Le premier de ces livres traite *de l'état des personnes,* le second *des biens,* et le troisième *des contrats.* Le quatrième livre non encore rédigé devait s'occuper *des actions,* que le rapporteur dit avec raison être « la con-« séquence des droits acquis par contrat ou autre-« ment. »

On reconnaît bien là tout de suite l'ancienne division des Institutes, telle qu'elle nous est donnée par Justi-

(1) Suivant M. Emile Acollas, aujourd'hui professeur de droit civil français à l'Université de Berne, « le premier projet est le « véritable code de la Convention, le seul où ses idées sur la « législation civile apparaissent avec un développement suffisant. » (*Nécessité de refondre l'ensemble de nos codes,* etc. Paris, 1866, p. 98.) Au reste, M. Acollas lui-même, tout en mettant ce projet, quant *au droit de famille,* au-dessus du Code civil actuel, est loin d'éprouver pour lui un grand enthousiasme (*Ibid.* p. 17, note 2).

nien après les deux premiers Titres, qui renferment des généralités sur la justice et sur le droit naturel, le droit des gens et le droit civil (*jus civile*) : « Le droit chez nous en usage » dit, après Gaius, Justinien au commencement du Titre 3, « a trait ou aux personnes, ou aux choses, ou aux actions (1). » Seulement dans le plan de Cambacérès, le livre 2, consacré aux *choses* ou *biens* ne s'occupe, ainsi que l'indique la table mise en tête du projet, que « *des manières d'acquérir indépendantes des contrats.* » Les *contrats*, à raison de leur importance, forment, avec les obligations qui en résultent, le sujet du livre 3. Quant aux *manières d'acquérir*, comprises en bloc dans le livre 2, ce sont : « 1° l'occupation ; 2° l'accession ; 3° les donations ; 4° les successions ; les prescriptions. »

On reconnaît là encore ce qu'on peut appeler le droit romain courant, celui des ouvrages élémentaires de l'époque, etc., bien que les romanistes, qui ont approfondi ces matières, puissent faire des réserves, en ce qui concerne *l'accession*, et aussi *les donations*, admises comme « *manières d'acquérir les biens.* »

L'énumération que nous venons de citer reparaît à peu près littéralement dans les articles 711 et 712 du Code civil, aujourd'hui en vigueur (2);

Passant au troisième livre, qui est celui *des contrats*, nous y rencontrons un premier Titre, consacré aux *obligations* en général, qui est une sorte d'abrégé très-succinct de l'ouvrage de Pothier sur le même sujet. On y

(1) « *Omne autem jus quo utimur, vel ad personas pertinet,* « *vel ad res, vel ad actiones; V. Gaii Inst.*, 1, § 8. »

(2) Code civil, art. 711 : « La propriété des biens s'acquiert et

traite des sources ou causes des obligations, de leurs
effets, des vices des contrats donnant lieu à la nullité,
des *modalités* des obligations, telles que conditions, alter-
native, solidarité, etc. Suivent les causes d'extinction :
paiement, novation et délégation, remise de la dette,
compensation, perte de la chose due, et prescription.
Enfin arrive ce qui regarde *la preuve*. Ici on retrouve
les règles de notre ancien droit français, remontant à
l'ordonnance de Moulins, de 1566, sur l'inadmissibilité
de la preuve testimoniale (sauf pour des valeurs très-
modiques) lorsqu'on a pu se procurer une preuve écrite.
Il y a bien dans le projet quelques innovations sur ces
divers objets : la plus grave est la suppression du serment judiciaire. Il est vrai que ce moyen de preuve,
emprunté au droit romain, était déjà critiqué par Pothier
dans un passage remarquable de son *Traité des obligations* (n° 831). Après avoir indiqué les cas où le juge,
pour *assurer sa religion*, peut déférer d'office le serment
à l'une ou à l'autre des parties, le grand jurisconsulte
continue en ces termes : « Je ne conseillerais pas néan-
« moins aux juges d'user souvent de cette précaution,
« qui ne sert qu'à donner occasion à une infinité de

« se transmet par succession, par donation entre-vifs ou testa-
« mentaire, et par l'effet des obligations. »

Art. 712 : « La propriété s'acquiert aussi par accession ou
incorporation, et par prescription. »

M. Acollas, p. 17 (*loc. cit.*), dit que la *Propriété modèle*, tant
admirée par M. Edgar Quinet dans le *code de la Convention*, est
en réalité la *Propriété de la loi romaine*, c'est-à-dire « un fait
« savant, compliqué, auquel manquent la base et la sanction. »

« parjures. Quand un homme est honnête homme, il
« n'a pas besoin d'être retenu par la religion du ser-
« ment, pour ne pas demander ce qui ne lui est pas
« dû, ou pour ne pas disconvenir de ce qu'il doit; et
« quand il n'est pas honnête homme, il n'a aucune
« crainte de se parjurer. Depuis plus de quarante
« ans que je fais ma profession (1), j'ai vu une infinité
« de fois déférer le serment; je n'ai pas vu arriver plus
« de deux fois, qu'une partie ait été retenue par la
« religion du serment, de persister dans ce qu'elle avait
« soutenu. »

Les contrats auxquels sont consacrés des Titres dis-
tincts sont la vente et l'échange, le louage, les sociétés
et communautés, la constitution de rente, perpétuelle
ou viagère, le change (et la lettre de change qui sert à
l'opérer) (2), le dépôt et le mandat. On remarquera que
les *rentes foncières* ne figurent pas ici dans le Titre *de la
constitution de rente*. Elles ont été classées (liv. 2,
tit. 2, § 6) parmi les droits réels ou *manières de
jouir des biens*, à la suite des *services fonciers* (3). Ces
rentes sont déclarées rachetables, à moins qu'elles ne
soient limitées à vingt ans (liv. 2, tit. 2, §6, art. 75). Mais,
chose remarquable, le projet écarte ici la décision de la
loi du 20 août 1792 (4), qui avait aboli sans indemnité

(1) Pothier était conseiller au présidial d'Orléans.

(2) Ce Titre *du change* (8ᵐᵉ du liv. 3) ne s'occupe à peu près que
de la lettre de change.

(3) Cambacérès n'ose employer le mot *servitudes*, lequel a reparu dans notre Code (tit. 4 du liv. 2).

(4) Titre 2 de cette loi.

la solidarité entre les possesseurs divis ou indivis des
fonds grevés de rentes foncières. Il en revient à cet égard
aux anciens principes (1), abandonnés en 1792 au dé-
triment des ayants-droit ; car l'indivisibilité de la rente
foncière, à l'égard des tiers-détenteurs, repose sur les
mêmes motifs que l'indivisibilité de l'hypothèque, reconnue à toutes les époques, et encore aujourd'hui
consacrée par l'article 2114 du Code civil (*elle est, de sa
nature, indivisible*, etc.).

Les deux derniers Titres du livre 3 s'occupent des
droits des créanciers, et des hypothèques.

Nous n'avons pas à nous étendre sur le premier de
ces sujets ; presque tout ce qui s'y rapporte n'est qu'un
résumé de l'ancien droit sur les saisies, les ventes en
justice, les *droits de préférence* (qu'on n'ose appeler
priviléges), tel que celui du propriétaire sur les meubles du locataire ou du fermier. Cependant la contrainte
par corps ne doit pas avoir lieu *pour dette purement civile,*
et on ajoute qu' « il n'est même pas permis de la stipu-
« ler (liv. 3, tit. 11, art. 7). » Elle est maintenue cependant « à l'égard des receveurs et dépositaires de deniers
« publics, soit que ces deniers appartiennent au corps
« entier ou à une section du peuple, » et aussi « pour
« la représentation des sommes ou objets consignés
« par ordonnance de justice (art. 8). » Il y a certainement
ici une extension donnée à la contrainte par corps, abo-
lie antérieurement par la Convention, sauf en ce qui concer-

____

(1) Liv. 2, tit. 2, § 6, art. 74 : « la rente foncière est due so-
« lidairement par tous ceux qui possèdent quelques parties du fonds
« qui y est sujet. »

nait les comptables, fournisseurs et autres débiteurs de deniers publics (1). D'abord le projet, en repoussant la contrainte *pour dette purement civile*, (2) semble faciliter son rétablissement en matière commerciale et en matière criminelle. Ensuite, ce qui est beaucoup plus clair, tandis que le décret du 30 mars 1793 ne soumettait à la contrainte que les comptables, les fournisseurs ayant reçu des avances, et autres débiteurs directs *du trésor public*, notre projet, déclarant contraignables les receveurs et dépositaires *de deniers publics*, ajoute : « soit « que ces deniers appartiennent au corps entier ou à « une section du peuple; » cette fin de l'article comprend ainsi dans l'exception le recouvrement des *deniers communaux*. Enfin nous venons de voir ajoutés encore par le projet (art. 8) les cas où il s'agit de « la représenta-« tion des sommes ou objets consignés par ordonnance « de justice. »

Quant au Titre *des hypothèques*, le douzième et dernier du livre 3, nous y trouvons l'abrogation des hypothèques tacites ou légales (art. 11.) Mais, sauf ce changement, tout dans ce Titre n'est que la reproduction de la pratique ancienne; on n'y voit rien des améliorations réalisées plus tard. Il ne prescrit ni spécialité, ni publicité, ces deux bases du régime hypothécaire introduit par la célèbre loi du 11 brumaire an VII, très-altéré dans notre Code civil, et reconstitué en grande partie dans la loi du 23 mars 1855. D'après le projet, tout

(1) Décrets du 9 et du 30 mars 1793.

(2) Le décret du 30 mars dit qu'il y a eu abolition de la contrainte *pour dettes civiles*, sans employer le mot *purement*.

engagement authentique entraîne l'hypothèque générale sur les immeubles présents et à venir du débiteur, aussi bien que tout jugement, soit de condamnation, soit constatant l'aveu ou la reconnaissance d'une obligation sous-seing privé (art. 4, 8 et 14). D'un autre côté, point de classement par le rang d'inscription sur des registres publics; « la date du jugement ou de l'acte « authentique, sera celle de l'hypothèque (art. 21). » On ne comprend donc pas bien ce que signifie la publicité dont il est parlé dans le rapport (V. Fenet, t. I, p. 10); et on s'étonne que le savant rapporteur, offrant un pareil travail à la Convention, qui comptait dans son sein beaucoup d'hommes de loi, et parlant au nom d'un comité de législation où figuraient des jurisconsultes tels que Merlin (de Douai) et Berlier, ait pu dire sérieusement : « Jusqu'ici notre législation avait été très-im- « parfaite sur l'importante matière des hypothèques. « Pour la compléter, nous avons réuni à notre travail « les principales dispositions d'un projet qui, étant exa- « miné sous tous les rapports, paraît présenter un « grand intérêt, puisqu'il offre des moyens d'accroître « la puissance nationale, en augmentant la richesse « particulière de chaque citoyen (1). »

Du reste le rapporteur déclare lui-même, que « la « partie des contrats n'offre pas d'aussi grands change- « ments que les autres » et, plus loin, que, à cet égard, « le fond du tableau a souffert peu d'altération. » Et

(1) Rapport, p. 10. Ici on avertit, en note, que « ce projet » (sur les hypothèques) « est dû au citoyen Mangin, et au citoyen » Veirieu, membre de l'Assemblée législative. »

il en donne un motif qui certes n'a rien de trop cho-
quant, même pour les plus zélés partisans de l'école
historique : « les simples relations commerciales (le
mot commerciales a ici un sens large) celles qui n'ap-
« partenaient pas exclusivement à une classe d'indi-
« vidus, *avaient assez approché de la justice*, attendu
« que, dans cette promiscuité d'intérêts , les choses
« avaient naturellement pris leur niveau. »

Il y a sans doute dans ce Code des bizarreries, telles
que l'importance exagérée donnée à l'adoption, et la
suppression *des testaments*, curieux retour à la vieille
maxime *nullum testamentum*, que Tacite nous dit avoir
été en vigueur, de son temps, chez les Germains (1).
Les auteurs du projet prennent aussi des mesures
excessives pour empêcher que , par suite de donations
entre-vifs ou à cause de mort, de grandes fortunes
s'accumulent dans les mêmes mains ; ils veulent
maintenir une égalité absolue entre les héritiers , et
renfermer dans les plus étroites limites les libéralités
faites *par donations à cause de mort*. Mais la singu-
larité peut-être la plus extraordinaire, est l'égalité
absolue que le projet veut introduire entre le mari et
la femme relativement à leurs biens. Cette innovation a été mal accueillie, même à cette époque. Du
reste, le projet admet comme régime légal, à défaut de
contrat, une communauté comprenant tous les biens
mobiliers, les fruits de l'industrie et des immeubles
(*ibid.*, art. 9 et 10), régime conforme au droit coutumier

(1) *Germania*, ch., **xx**.

général ancien, et maintenu aussi par notre Code. civil.

D'autres modifications d'un ordre secondaire, ont laissé de faibles traces dans les lois postérieures et dans notre Codè civil. Ainsi, le projet rejette la faculté de rachat ou de réméré dans les ventes, et l'action en nullité pour lésion dans les contrats (1). En définitive, ces dernières mesures sembleraient avoir pour but, non d'ébranler, mais plutôt de consolider la propriété.

Prenant en bloc tout ce qui précède, n'est-on pas étonné d'entendre Cambacérès, dans le rapport fait à la Convention (Fenet, t. 1, p. 11), affirmer que son projet de Code civil est destiné à « tout changer » et à « tout « régénérer? » Au fond reconnaissons là une tactique savante, dont le but est de recommander l'œuvre nouvelle à des esprits toujours en défiance contre les vieilles institutions. C'était une habileté suprême que de faire accepter solennellement par la Convention nationale les traditions des siècles antérieurs sur le droit civil, en proclamant à grand bruit certains changements, quelquefois utiles, plus souvent inacceptables. L'exposé des motifs a donc ici pour but de couvrir d'une apparence révolutionnaire ce qu'il y a de conservateur dans la nouvelle œuvre législative.

C'est là ce que fait bien entendre Portalis dans son discours préliminaire sur le projet du Code civil

______

(1) Les rédacteurs du Code civil n'ont admis le rachat ou réméré que pour un laps de cinq ans au plus. Ils ont restreint le droit de rescision pour lésion aux partages, et aux *ventes d'immeubles*, dans ce dernier cas en faveur du vendeur.

actuel, où, après avoir dit qu'il ne faut pas « dédaigner
« de profiter de l'expérience du passé, et de cette tra-
« dition de bon sens, de règles et de maximes, qui est
« parvenue jusqu'à nous et qui forme l'esprit des siè-
« cles » (1), il ajoute ce qui suit (2) : « Le consul Camba-
« cérès publia, il y a quelques années, un projet de
« code dans lequel les matières se trouvent classées avec
« autant de précision que de méthode. Ce magistrat,
« aussi sage qu'éclairé, ne nous eût rien laissé à faire,
« s'il eût pu donner un libre essor à ses lumières et à
« ses principes, et si des circonstances impérieuses et
« passagères n'eussent érigé en axiomes de droit, des
« erreurs qu'il ne partageait pas. »

Le quatrième livre du projet devait, comme nous
l'avons dit plus haut, traiter *des actions*. C'est aussi des
actions que traite le quatrième livre des Institutes de
Gaius. Le mot *action*, pris dans le vieux sens juridique,
suppose un droit antérieur méconnu, et par suite la naissance d'un nouveau droit, celui d'agir en justice selon
les formes de la procédure, Aussi l'exposé des motifs
a-t-il raison de dire (p. 14) : « les actions sont la consé-
« quence des droits acquis par contrats ou autrement. »
Ce quatrième livre paraît n'avoir jamais été rédigé par
les auteurs du projet de Code; en tout cas il n'a pas
été livré à l'impression. Qu'aurait-il pu contenir? Evi-
demment les principes généraux de la compétence judiciaire et de la procédure civile. Les deux autres projets

1) V. Fenet, t. I, p. 466.
(2) *Ibid.*, p. 467.

de Cambacérès, venus plus tard, et dont nous allons nous occuper, celui de Jacqueminot élaboré après le dix-huit brumaire, et enfin le travail de la commission du gouvernement, travail qui, revisé et remanié, est devenu le Code civil actuel, sont tous restés muets sur la matière des actions. Probablement on aura jugé que des dispositions relatives à la compétence des tribunaux et à la procédure devaient être placées dans un *code judiciaire*, distinct du Code civil (1).

Après avoir dit que la commission présentera plus tard un quatrième et dernier livre, le savant rapporteur croit devoir rassurer le public contre le danger de voir se reproduire les abus de l'ancienne procédure, depuis longtemps décriée à raison de ses lenteurs et de ses frais. Il annonce donc l'intention très-louable d'améliorer cette partie de la législation; et, dans ce but, il repousse à l'avance toute réminiscence du droit romain en ce qui regarde *les actions*. Cette manière de voir nous semble peu justifiée; car, à l'époque classique de la jurisprudence romaine, le système des actions, admirable par la clarté de sa langue et la précision de ses formules, se pliait, en définitive, à tous les besoins de la pratique. Nous sommes donc surpris de lire ce qui suit dans le rapport (p. 14) :

« L'on peut au reste tenir pour certain, à l'avance,
« qu'il (le livre 4 projeté) ne retiendra aucune ressem-
« semblance avec les actions introduites par le droit

______

(1) **Notre Code** *de procédure civile* ne renferme lui-même que très-peu de règles sur la compétence.

« romain, et qu'il ne tendra qu'à simplifier celles de
« l'ancien droit français. »

Il nous paraît évident que si Cambacérès et ses col-
lègues avaient été de hardis novateurs, ils auraient bien
plutôt cherché à donner à leurs *actions* civiles quelque
ressemblance avec celles du droit romain. En effet le
système romain, dans lequel le magistrat, préteur ou
proconsul, confie à des particuliers, choisis sur des
listes spéciales, le soin de juger tel ou tel litige, ce système, disons-nous, a une grande analogie avec ce que la
Révolution elle-même avait déjà inauguré en matière
criminelle, à savoir la procédure par jurés. Dans son
Traité des actions chez les Romains, que nous avons
déjà cité, M. Bonjean, parlant des juges romains ou
jurés (1), recherche d'abord pourquoi le jury civil, dé-
fendu à la première assemblée constituante par Sieyès,
Duport et Thouret, a été repoussé par le même décret
qui établissait les jurés en matière criminelle (2). Nous
avons plus haut rapporté ce passage du livre. Ensuite
l'auteur expose ses idées propres sur la possibilité et
l'utilité, selon lui manifeste, d'établir un jury civil. A
ce sujet il fait observer que déjà, depuis 1833, ce jury
est employé chez nous au réglement des indemnités en
matière *d'expropriation pour cause d'utilité publique*.
« Et » ajoute-t-il « que sont nos *tribunaux de commerce*

______

(1) *Judex, arbiter, recuperatores, centumviri.* L'auteur (t. I'
p. 165) fait remarquer que Cicéron lui-même, *in Rull*, I, 4, désigne les juges par l'expression de *judices jurati.*

(2) 30 avril 1790. « L'assemblée décrète: 1° Qu'il y aura des jurés en
matière criminelle; 2° Qu'il n'en sera point établi en matière civile. »

« et nos *conseils de prud'hommes*, sinon de véritables
« jurys spéciaux (1) ? »

La pensée de Cambacérès était bien loin de ces réformes; et nous doutons même très-fort que, avec son
esprit timide et réservé, il fût grand partisan du jury en
matière criminelle. Il n'avait du reste pas à s'en expliquer dans un projet de Code civil.

Le rapport se termine par l'énoncé d'un principe
conservateur, celui qui, au civil comme au criminel,
repousse la rétroactivité des lois : « Donner aux lois
« nouvelles un effet rétroactif, » dit le rapporteur, « ce
« serait détruire l'harmonie sociale. » Il annonce seulement que ce principe *respectable* peut admettre
quelques exceptions. Il y a ici sans doute un ménage-
ment pour la Convention nationale, qui avait voté plusieurs lois rétroactives d'une nature violente, dont plus
tard l'opinion publique exigea le rappel, notamment en
matière de succession et de donation. Des règles toutes
nouvelles avaient été ainsi reportées, dans leurs effets, à
la date du 14 juillet 1789. On en trouve même encore
des traces dans le projet (2ᵉ article d'*Appendice* à la fin
du § *Des successions*, Liv. 2, t. 3, § 4).

Ce premier projet de Cambacérès fut discuté à la Convention nationale dans les séances des 22, 23, 24, 26,
30 et 31 août 1793, 4, 7, 11, 12, 13, 14, 17 et 23 sep-

---

(1) *Traité des actions, etc.*, t. I, p. 210 et suiv. — Nous voyons
encore en ce moment (août 1871) le jury civil fonctionnant à Paris
sur une immense échelle, en vertu de la loi du 21 avril, pour des
réglements de loyers. *(Note ajoutée lors de l'impression.)*

tembre, 4, 9, 12, 13, 14, 15 18 et 23 octobre, même année, 4, 5, 6, 7 brumaire, et 9 nivôse an II, sous les présidences successives de Hérault de Séchelles, Danton, Robespierre, Billaud-Varenne, Cambon, Charlier, Moyse-Bayle, et Couthon. Les deux premiers livres paraissent avoir été décrétés en entier, et en outre quelques dispositions du livre 3.

Nous remarquerons que, lors de la discussion et du vote, plusieurs fois le projet a été amendé dans un sens favorable aux anciens principes.

Ainsi, contrairement au projet, la Convention (23 août 1793) maintient, au profit de la femme, sur les biens du mari, l'hypothèque tacite résultant de la constitution de dot. Elle ajourne aussi (même séance) cinq articles, introduisant le système très-nouveau assurément (dont nous avons dit un mot plus haut), qui mettait la femme, quant aux biens, sur un pied d'égalité complète avec le mari (1). Cet ajournement devint, par le fait, un rejet définitif; car il n'est plus question de cette *émancipation de la femme* dans le deuxième projet de Cambacérès, ni dans aucun des suivants.

Un autre article du Titre *des rapports entre les époux* (Liv. 1, tit. 3, art. 24) a pour objet d'affirmer les droits des héritiers de l'époux prédécédé en présence du survivant (2). Quant à celui-ci, le projet, sanctionné en ce point par le vote de l'assemblée, lui attribue, à l'imita-

(1) Liv. 1, tit. 3, art. 11 à 15; V. ci-dessus, p. 34.

(2) Art. 24 : « à défaut d'enfants, l'époux survivant remet les « biens de l'époux décédé aux héritiers appelés par la loi. »

tion d'anciennes règles du droit français, la jouissance des biens des enfants jusqu'à leur majorité ou leur mariage. Et ici le projet se montrait plus large au profit du survivant que ne l'est notre Code actuel, où cette jouissance légale prend fin dès que l'enfant a *dix-huit ans accomplis* (art. 384), restriction qui a été signalée par plusieurs interprètes (1) comme mesquine et peu bienveillante pour l'autorité paternelle. A ce propos nous ferons remarquer que l'Assemblée avait déjà approuvé sans discussion, deux articles (6 et 7) du Titre 1, *Du mariage*, portant que, « les mineurs ne pourront être « mariés sans le consentement de leur père et mère, » et que « si l'un des père et mère est mort ou interdit, « le consentement de l'autre suffira. » On sait que, à l'inverse, le droit canonique a maintenu avec une persistance invariable, et malgré toutes les réclamations faites à ce sujet (2), le principe que, pour la validité du mariage, le seul consentement requis est celui des parties contractantes (3). Notre Code civil se montre

---

(1) V. entre autres, de Maleville, l'un des quatre rédacteurs du projet du Code actuel. Il dit que cette disposition l'afflige; et il espère la voir bientôt réformée. (*Analyse raisonnée de la discussion du Code civil, etc,* t. I, p. 394 et suiv.).

(2) Notamment par des évêques français au concile de Trente.

(3) Pothier (*Traité du contrat de mariage,* 4ᵉ part., chap. 1, sect. 2, art. 1, § 2, nº 321) rappelle le canon du concile de Trente (Sess. 24) qui « frappe d'anathème ceux qui disent que le mariage « des enfants de famille, contracté sans le consentement de leurs « parents, est nul. » En France on annulait ces mariages, aux termes des Ordonnances, en présumant dans le consentement un *vice de séduction* (Pothier, *ibid.,* nº 326).

ici un peu moins rigoureux que le projet au point de vue de l'autorité collective des deux parents. Car, ainsi que nous venons de le voir, ce projet, après avoir déclaré que « les mineurs ne pourront être mariés sans le con- « sentement de leur père et mère » (art. 6), n'admet ensuite comme suffisant le consentement d'un seul des deux qu'autant que l'autre « est mort ou interdit (art 7); tandis que, suivant le Code actuel, là-dessus plus près de la loi du 20 septembre 1792 (1) « *en cas de dissentiment,* « le consentement du père suffit (art. 148). » Ajoutons que d'après le projet, la sanction de ces règles est très-rigoureuse, et consiste dans la nullité absolue du mariage, que « la loi ne reconnaît point (art. 19). »

Les dispositions du Titre IV, qui traite *Des enfants,* dispositions d'ailleurs très-sages, furent votées sans difficulté, notamment celle qui n'admet pas la reconnaissance d'enfants adultérins (art. 9). Et on retrouve le même principe, sous une forme encore plus nette, dans le deuxième projet (2).

Arrivant au Titre 1er du livre 2 (*division générale des biens*), nous voyons, il est vrai, la Convention repousser par son vote certaines règles traditionnelles. Mais, chose remarquable, elle le fait par suite de préoccupations,

(1) Loi du 20 septembre 1792, tit. 4, art. 4 : « le consentement « du père sera suffisant. » Notre art. 148 accorde davantage à la mère, en ce qu'il exige évidemment qu'elle soit au moins consultée; c'est ce qu'exprime le mot *dissentiment.*

(2) Rédaction du 2me projet : « L'enfant d'une femme non mariée « ne peut être reconnu que par l'homme qui n'était pas marié « neuf mois avant la naissance de cet enfant » (Liv. 1, tit. 2, art. 8).

qu'on peut trouver excessives, en faveur du droit de propriété.

Ainsi l'article 9, conforme au droit romain (1), portait que « le gibier appartient à celui qui l'a pris ou « tué, sauf à indemniser le possesseur du terrain sur « lequel il l'a pris ou tué, s'il a commis quelque dégât. » Des dispositions analogues (art. 10 et 11) s'appliquaient à la pêche. Or, sur l'article relatif à la chasse, la question préalable fut réclamée, mise aux voix et adoptée, afin, dit-on, de maintenir la loi qui défend la chasse sur le terrain d'autrui, et de conserver au propriétaire son droit au gibier qui se trouve dans son fonds (2). Cette décision parut devoir entraîner le retranchement, non-seulement des articles sur la pêche (10 et 11), mais encore de celui qui, selon la loi romaine (3) et les traditions de la jurisprudence, attribuait la moitié du trésor trouvé à celui qui le découvre sur le fonds d'autrui (art. 14).

Toutes ces anciennes règles ont reparu dans notre législation actuelle (4). Si la Convention les écartait alors, c'était, comme on le voit, non dans un esprit d'innovation violente, mais, au contraire, parce qu'elle croyait par là mieux garantir un principe fondamental de *l'ancien ordre social*. A ce sujet, nous rappellerons ici un décret de la même Assemblée (29 mars 1793), portant que «ceux qui provoqueront par leurs écrits *le meurtre*

(1) Inst. de Just., liv, 2, tit. 1, § 3.
(2) Séance du 7 septembre 1793.
(3) Inst. de Just., liv. 2, tit. I, § 39.
(4) Notamment en ce qui regarde le trésor trouvé sur le fonds d'autrui (C. civ. art. 716).

« *et la violation des propriétés*, seront punis, savoir :
« 1° de la peine de mort, lorsque le délit aura suivi la
« provocation ; 2° de la peine de six ans de fers, lorsque
« le délit ne l'aura pas suivie (1). »

Nous avons peu de chose à dire du deuxième projet
de Code, présenté aussi par Cambacérès, après le
7 thermidor (23 fructidor an II), au nom du comité de
législation. Ce nouveau travail n'est guères qu'un abrégé
de l'ancien, qui avait paru trop savant et trop chargé
de détails; on voulait, disait-on, des conceptions tout à
la fois simples et philosophiques. De là une réduction
de plus de moitié : 295 articles au lieu de 719, avec
une seule série de numéros (2). Mais cette brièveté
excessive ne manqua pas de donner lieu à des objec-
tions, en sens inverse, contre le nouveau projet. On lui
reprocha d'être une table de matières, et non un Code
des lois civiles. Par suite, une autre commission, dont
faisait partie le célèbre jurisconsulte Merlin, fut chargée
de revoir le travail du Code (3); mais il n'en fut plus
question à la Convention nationale.

(1) La même assemblée organisa, comme on sait, les confisca-
tions en masse, et bouleversa les propriétés par les lois rétroactives du 5 brumaire et du 17 nivôse an II. C'est qu'ici les pas-
sions politiques étaient mises en jeu, et que d'ailleurs l'assemblée
n'était plus libre.

(2) V. Fenet, t. I, *Précis historique*, etc., p. 47.

(3) V. Fenet, t. I, *Précis historique*, etc., pp. 46 et 48; Comp.,
p. 54, en note.

Nous arrivons au troisième projet, dû encore à Cambacérès, et présenté par lui au conseil des Cinq-cents, dans le cours de messidor an IV. Cette œuvre est beaucoup plus développée que les précédentes ; car elle comprend, sous une série unique de numéros, plus de 11,000 articles (1104). Et encore le Titre *des hypothèques* (liv. III, tit. 17) n'y est-il qu'indiqué ; on s'en réfère à un travail ultérieur qui devra être préparé sur le régime hypothécaire (1).

Ce troisième projet de Code reproduit l'ancienne division, suivant laquelle on traite 1° *des personnes*, 2° *des biens*, 3° *des obligations*. Il n'y est point question *des actions*, déjà passées sous silence par les auteurs du deuxième projet.

Dans le premier livre, nous retrouvons sans doute et le divorce, et l'adoption, et les grands avantages accordés aux enfants naturels. Mais combien d'emprunts de plus en plus apparents aux vieilles doctrines juridiques ! Le Titre consacré au mariage reproduit d'abord la règle, toujours admise sans contestation, que le mineur ne peut se marier sans le consentement de son père et de sa mère (art. 269). Un peu plus loin on rappelle

______

(1) Il s'agissait principalement d'examiner ce qu'il pouvait y avoir à modifier dans les lois du 9 messidor an III et du 21 nivôse an IV. La première de ces lois avait eu, en grande partie, pour but de *mobiliser* le crédit territorial, au moyen de cédules hypothécaires transférables par la voie de l'endossement.

(art. 284) cette autre règle constante (1), que « l'acte de
« mariage ne peut être suppléé ni par l'intention des par-
« ties, quelque prouvée qu'elle soit, ni par la possession
« d'état » (art. 284) (2). Le régime légal de la communauté de biens entre époux, à défaut de stipulations
contraires, ainsi que les pouvoirs du mari, sont réglés
conformément aux anciens principes (Liv. I, tit. 6, *des
droits des époux*, art. 287, 288, 289, 291, 293, etc.).
Seulement on y étend, plus que ne le faisait le droit
coutumier, et selon l'esprit du droit écrit, les pouvoirs
de la femme non mariée en communauté (art. 290;
Comp. notre Code, art. 1535, 1538 et 1576). Tout le
système de l'ancienne communauté de biens entre
époux, tel que le présentaient les coutumes de Paris
et d'Orléans, se trouve ici résumé en une trentaine
d'articles. Dans le même Titre, le droit absolu de
révocation est admis, conformément au droit romain,
au profit de l'époux qui a fait des libéralités à son
conjoint pendant le mariage (art. 319). La limitation
de la quotité disponible, au cas de secondes noces
du donateur, est reproduite (art. 321 et 324) comme
elle l'avait été dans les projets précédents (3).

(1) Il y a des pays, comme en Écosse, où la preuve testimoniale du mariage est admise en principe.

(2) Sauf, bien entendu, le cas où les registres de l'état civil
auraient été détruits, en tout ou en partie. Notre Code actuel
(art. 197) fait fléchir la règle au profit des enfants, lorsque les
père et mère qui ont eu la possession de l'état d'époux sont tous
deux décédés.

(3) Comp. le Code actuel. art. 1096 et 1098.

Enfin une sorte de douaire en usufruit est attribué au survivant, pour le cas où les époux n'ont point stipulé entre eux d'avantages singuliers ou réciproques (art. 322). Cette disposition pleine de sagesse est évidemment une imitation de l'ancien douaire coutumier des femmes. A cet égard, le Code civil actuel garde un silence complet, ce qui a donné lieu à de justes critiques. On lui a reproché d'avoir montré, pour l'époux survivant, moins de sollicitude que la plupart des législations européennes (2). Chez nous, en effet, le survivant peut, à défaut de conventions matrimoniales avantageuses, ou de libéralités entre vifs ou par testament, être réduit à la misère en face d'héritiers opulents (3); c'est la remarque faite par l'un des auteurs même du Code, M. de Maleville (4) : pour que l'époux recueille *ab intestat* la succession de son époux, il faut absolument aujourd'hui que « le défunt ne laisse ni parents « au degré successible (le douzième degré), ni enfants « naturels. » (Art. 767.)

Le livre II du projet, livre consacré aux *biens*, ne contient presque rien que du droit usuel et admis de-

---

(1) V. là-dessus le rapport très-remarquable de M. Victor Lefranc à l'Assemblée nationale, séance du 8 mai 1851. On le trouve dans la *Revue de législation* de M. Wollowski, t. II de 1861, p. 332. Aj. M. Demolombe, *Des successions*, t. II, nᵒˢ 169 à 176.

(2) Plusieurs Novelles de Justinien, suivies en pays de droit écrit, établissaient des droits de succession au profit du *conjoint indigent*.

(3) *Analyse raisonnée*, etc., t. II, p. 247 (sur l'art. 767).

puis des siècles. Les rentes foncières, abolies depuis, y figurent toujours avec d'assez grands développements, y compris la solidarité entre tous les possesseurs de portions quelconques du fonds assujetti (art. 487) (1).

Si nous passons aux *manières d'acquérir la propriété* (même liv. II, tit. 5 et suiv.), nous retrouvons les textes du droit romain reproduits dans une suite de paragraphes sur *l'occupation*, *l'accession* et la *tradition*. Les règles connues sur la chasse, la pêche et l'appropriation des trésors découverts sont rappelés dans les articles 507 à 519. En ce qui regarde les libéralités, on s'obstine, il est vrai, à maintenir la bizarre proscription des testaments et des codicilles, dont, jusqu'à un certain point, les donations à cause de mort tiennent la place (art. 538); mais la faculté de disposer est déjà beaucoup moins restreinte (art. 540 et suiv.). L'ancienne *insinuation* des donations, qu'avait empruntée au droit romain l'ancienne pratique française, revient sous le nom de *transcription* (art. 566 et suiv.); elle doit avoir lieu dans un délai fixe, à peine de nullité. Le système *des successions* (tit. 7) est à peu près celui de la loi du 17 nivôse an II, peu favorable aux ascendants, comme nous l'avons déjà remarqué, et admettant partout la représentation à l'infini en ligne collatérale (Comp. le 1er et le 2e projet, art. 62 et 116). Est également conforme à la loi du 17 nivôse an II, la règle qui, à défaut de des-

____

(1) Comp. loi du 11 brum. an VII *sur le régime hypothécaire*, art. 6. et C. civ., art. 529 et 530.

cendants, divise tout d'abord la succession en deux
parts, l'une pour la ligne paternelle, l'autre pour la
ligne maternelle. Cette règle fort remarquable a été empruntée à certaines coutumes, qui procédaient ainsi pour
la succession collatérale des meubles et acquêts tenus en
roture (1) ; et elle a été définitivement consacrée dans
notre Code (art. 733). Elle se relie d'ailleurs au principe nouveau, qui rejette toute distinction à faire entre
les biens, soit quant à leur nature, soit quant à leur
origine, pour en régler la transmission aux héritiers
(art. 596) (2) : car si les biens immeubles provenant
d'une des deux familles ne retournent plus, comme
autrefois, aux parents du même côté (3) ; du moins ces
parents ne risquent point d'être entièrement privés de
la succession, à cause de la plus grande proximité des
parents de l'autre ligne.

La reconnaissance des enfants adultérins continuant
à être prohibée (art. 130), les auteurs du projet n'avaient
pas jugé nécessaire de les mentionner dans le Titre
des successions. Quant aux enfants naturels simples,
nous voyons poindre ici un commencement de réaction
contre la règle, par trop égalitaire, qui les traitait

(1) V. *le précis de l'ancien droit coutumier français*, par
M. Ch. Giraud, 1852, p. 49.

(2) V. le 1ᵉʳ projet, Titre *des successions*, art. 45 ; C. civ.
actuel, art. 732.

(3) Ce qu'exprimait la célèbre règle coutumière *paterna paternis, materna maternis*, dont l'application variait d'ailleurs suivant
les pays (V. *Rép. de Merlin*, aux mots *paterna paternis*, etc.).

comme les enfants légitimes. Cette règle est bien maintenue en principe ; mais on l'abandonne lorsque l'enfant a été reconnu « postérieurement au mariage de son père « ou de sa mère » : il n'a plus alors que la moitié de la part héréditaire de l'enfant légitime s'il y a concours entre eux (art. 605). Tout ce qui suit dans le projet sur renonciation aux successions, et sur les rapports et les partages, est, du moins en très-grande partie, la reproduction de l'ancien droit (1). On y trouve aussi le bénéfice d'inventaire (art. 631 et 634), mais sous une condition rigoureuse et puisée dans le droit de Justinien (2) : à savoir que l'inventaire soit fait dans le délai de trois mois (art. 631 et 632). Notre Code actuel est à cet égard beaucoup moins exigeant (V. art. 800) (3).

Le projet soumet encore les enfants et descendants à rapporter, même en renonçant à la succession, tout ce qu'ils ont reçu de leurs ascendants, conformément à la règle des coutumes dites d'*égalité* (art. 642 et 643). Mais le premier travail appliquait ce principe à toutes les successions en général (art. 94), tandis que notre troisième projet dit expressément que, « en ligne collatérale, le « donataire n'est tenu au rapport que... quand il prend « part dans la succession. » Cette dernière formule a

(1) Sauf qu'on exige un inventaire pour renoncer (art. 630).

(2) Cod. Just., L. *scimus* 22, §§ 1 à 3, *De jure delib.* (VI, 22).

(3) Mais la nécessité d'observer le délai de trois mois paraît être imposée aujourd'hui, dans tous les cas, à la veuve commune en biens, soit pour renoncer, soit pour n'être tenue des dettes que dans la limite de son émolument (C. civ., art. 1456 et 1483).

été appliquée à tous les cas sans distinction par notre Code actuel (art. 843) : ainsi le rapport n'est jamais dû chez nous par celui qui n'est pas héritier (art. 843). D'un autre côté, notre loi actuelle ne soumet pas, comme le fait le projet, les enfants ou descendants au rapport de ce que leurs propres enfants ou descendants avaient reçu du défunt (art. 642; comp. C. civ., art. 847).

Nous n'étendrons pas plus loin notre examen de la partie du troisième projet relative *aux biens*. Il suffira de dire que généralement les délais de la prescription s'y trouvent abrégés.

Quant au livre III, consacré aux *obligations* et principalement aux *contrats ou conventions*, nous n'avons presque rien trouvé, dans les quatre cents articles dont il se compose, qu'on ne puisse extraire de nos anciens ouvrages de jurisprudence, notamment de ceux de Pothier. Ainsi le projet reproduit soigneusement la distinction, qui remonte à l'édit du préteur romain, entre le dol et la violence grave; celle-ci, quel qu'en soit l'auteur, doit toujours vicier le consentement, tandis que le dol n'est pris en considération qu'autant qu'il émane de la partie avec laquelle le plaignant a traité (art. 718 et 719) (1). Nous ferons des remarques analogues sur la mise en demeure, sur la solidarité (2), le cautionne-

---

(1) V. au Digeste les Titres *De dolo malo* et *Quod metûs causâ*, etc (liv. IV, tit. 2 et 3, et surtout la loi 9, § 1, *Quod met. causâ*, etc.

(2) Sauf que l'art. 749 fait une distinction peu juridique, et

ment, l'extinction des obligations, etc. Quant aux règles sur l'admissibilité de la preuve testimoniale, elles sont en très-grande partie conformes aux anciennes ordonnances de 1560 et de 1667 (1). Si nous passons au Titre *de la vente* (tit. 6), nous y reconnaissons à chaque pas l'empreinte du droit romain, tel qu'il avait été modifié et approprié à nos besoins par l'ancienne pratique française. Ainsi on y trouve le droit de résolution attribué au vendeur non payé, droit maintenu de nouveau, après une longue discussion, par l'Assemblée nationale en 1850, lors de l'examen du projet de réforme hypothécaire (2). Beaucoup d'articles sont littéralement copiés dans Pothier, qui lui-même ne faisait que reproduire les décisions des jurisconsultes romains. Nous citerons, à titre d'exemples, les extraits suivants du projet, art. 847 : « Aussitôt que la vente est parfaite, « la chose vendue est aux risques de l'acheteur, quoi- « qu'elle ne lui ait pas encore été livrée (3); » art. 851 : « Les clauses obscures ou ambiguës s'interprètent « contre le vendeur (4). » Il est vrai que, suivant la

soigneusement évitée par notre Code (V. art. 1219), entre la solidarité et l'indivisibilité,

(1) Projet, art. 821 à 827 ; on y a retranché le droit de faire la preuve par témoins pour les sommes et valeurs n'excédant pas cent livres (aujourd'hui cent cinquante francs ; C. civ., 1341).

(2) Séances de l'Assemblée Nationale des 16 et 17 décembre 1850.

(3) Inst., liv. III, tit. 23, *De empt. et vend.*, § 3; C. civ., art. 113 et 1583.

(4) V. lois 21 et 23 Dig., *De contrah. empt.* (liv. XVIII, tit). 1, et C. civ., art. 1602.

trace des deux premiers projets, on continue à défendre au vendeur de se réserver la faculté de rachat (art. 853).
Mais en revanche un des *retraits*, si nombreux dans notre ancien droit, le retrait dit *litigieux*, dont l'origine se trouve dans deux Constitutions célèbres du Code de Justinien (1), reparaît dans l'art. 856 en ces termes : « les cessionnaires de droits litigieux ne peuvent exiger « du débiteur que le prix de la cession, et les intérêts « à compter du jour qu'elle a été faite. » Dans les trois projets est indiquée la pensée d'un taux limitatif de l'intérêt, en matière de prêt et de rente constituée en perpétuel (Comp. le 2e projet, art. 240, et le 3e, art. 976 et 977), ce qui a été imité dans le texte de notre Code actuel, art. 1907 et 1909. Le premier projet de Cambacérès fixait le taux dont il s'agit à 5 % (liv. II, tit. 7, art. 12) ; on sait que le même taux est celui de la loi encore existante du 3 septembre 1807, en matière non commerciale (2).

Ainsi, dans les projets de l'époque révolutionnaire, on admettait déjà la possibilité de modifier le régime de liberté absolue en matière d'intérêts. Ce régime s'était établi de fait et par une sorte de nécessité du temps, à raison du décroissement rapide de la valeur du papier-monnaie alors en circulation ; car le prêteur

______

(1) Lois *per diversas* et *ab Anastasio*, 22 et 23, Cod., *Mand. vel contra* (liv. IV, tit. 35).

(2) Comp. le décret de l'Assemblée constituante des 3-12 octobre 1789.

se trouvait ainsi exposé à ne recevoir en remboursement que des valeurs dépréciées (1).

Il nous reste ici peu à dire; car dans les Titres suivants : du change, du dépôt, du mandat, des droits des créanciers (sauf en ce qui regarde la contrainte par corps), du gage ou du nantissement, nous ne rencontrons que les règles de l'ancien droit.

Le Titre seizième et dernier, relatif aux *préférences* qu'obtiennent certains créanciers sur le prix des meubles, se termine (art. 1104) par l'énoncé de la règle célèbre de *la séparation des patrimoines*, que le droit romain avait transmise à notre ancienne jurisprudence, et suivant laquelle, « le créancier d'un défunt est préféré, sur le prix des biens de sa succession, au « créancier de l'héritier (2). » Cette règle est des plus raisonnables, et on a eu raison de la reproduire. Mais ce qui, dans le même Titre 16, paraîtra conçu dans un esprit de retour à des idées très-anciennes, c'est la disposition finale de l'article 1102, qui classe les reprises

(1) M. Goupil de Préfeln, qui fait cette remarque (Rapport au Tribunat sur la loi du 3 septembre 1807), ajoute, par une singulière distraction, que la liberté absolue de l'intérêt se rattachait aussi à une loi du 11 avril 1793, suivant laquelle l'argent avait été déclaré *marchandise*. C'est là une erreur maintes fois reproduite ensuite dans des livres. La loi en question, qui a pour objet unique d'empêcher le trafic sur l'argent, déclare « prohiber la « vente du numéraire de la République, » il n'y est nullement question de l'intérêt conventionnel.

(2) V. le Titre du Digeste *De separationibus* (liv. XLII, tit. 6) et C. civ., art. 878 à 881 et 2111.

des femmes mariées parmi les créances privilégiées sur le prix de vente des meubles du mari, en sorte que les femmes primeraient les créanciers chirographaires. Voilà bien un retour au droit romain classique (1), très-peu suivi chez nous en matière de mobilier. Quant aux immeubles du mari, la femme avait son hypothèque légale, mais presque partout cette hypothèque ne prenait rang qu'à la date du contrat de mariage ou de la célébration (2).

Arrivés maintenant aux travaux qui ont suivi l'établissement du Consulat, nous devons être beaucoup plus sobres de détails. Notre thèse a été démontrée jusqu'à l'évidence, et on a vu le droit civil, presque en entier, se maintenir aux époques les plus troublées de la Révolution. Dorénavant les anciennes idées juridiques ne feront que prendre, dans les rédactions nouvelles, un développement de plus en plus considérable.

Ici nous rencontrons le projet présenté par Jaequeminot (3), au nom d'une section de législation, à la *Com-*

(1) En principe, les créanciers gagistes ou hypothécaires n'éprouvaient aucun préjudice de l'existence des *priviléges* (V. *le Droit privé des Romains*, par Marezoll, traduit et annoté par M. Pellat, § 153).

(2) Dans quelques partie seulement du midi, comme à Toulouse, on observait la fameuse loi *assiduis* de Justinien, 12, Cod. *De jure dotium* (liv. VIII, tit. 18), qui donnait à la femme pour la reprise de sa dot une hypothèque privilégiée, c'est-à-dire primant tous les créanciers hypothécaires, même antérieurs au mariage. Cette loi, souvent critiquée et flétrie comme inique, est expressément abrogée par l'art. 1572 de notre Code.

(3) Séance du 13 frimaire an VIII.

mission législative tirée du Conseil des Cinq-cents après le 18 brumaire. Ce travail n'a pu être achevé, et il se borne aux matières dont nous allons donner les *sommaires*, en les copiant dans l'ouvrage même : Du mariage ; — Des majeurs et de l'interdiction ; — Des mineurs, de la tutelle et de l'émancipation ; — Des donations entre-vifs et à cause de mort ; — Des successions ; — Des droits respectifs des époux. — On ne s'y est donc point occupé des actes de l'état civil, des absents, du domicile, de l'adoption, ni même du divorce, que l'on déclare seulement admis en principe. Le projet omet encore ce qui regarde les conventions et les obligations en général, les divers contrats, les hypothèques et la prescription. Mais ce qui est traité l'est d'une manière très-remarquable et porte, même dans les moindres détails, l'empreinte de notre ancien droit, en ce qui n'est pas antipathique aux principes fondamentaux de la Révolution.

Il est vrai que le rapporteur Jacqueminot, en cela imitant son prédécesseur Cambacérès, débute par quelques déclamations contre la législation ancienne : « la « philosophie, » dit-il, « avait jugé nos anciennes lois, « la liberté les avait condamnées ; » puis il parle du besoin d'en faire « une entière refonte » (1). Mais tout cela est, comme chez Cambacérès, une sorte de langage convenu, auquel le public était très-habitué, et qui ne tirait pas en conséquence. Un peu plus loin Jacqueminot lui-même répudie les exagérations malheureuses de quelques lois civiles de la Révolution. Il ose dire que

(1) Fenet, t. I, p. 327 et 328

sous la Convention « le fanatisme d'une égalité folle-
« ment interprétée régnait, comme auparavant le fana-
« tisme des préjugés ...... Les lois civiles en reçurent
« l'empreinte, etc., etc. »

Suivent encore des paroles remarquables que nous
allons citer, et où se révèle le même esprit de sagesse :
« Nous avons profité des travaux de tous ceux qui nous
« ont précédés. Nous avons eu beaucoup moins la pré-
« tention de paraître neufs que d'être utiles. Nous nous
« sommes entourés de jurisconsultes recommandés par
« l'opinion et par l'estime publique. Ils se sont con-
« certés et ont disputé de zèle avec des membres de
« votre section et quelques-uns de nos anciens collè-
« gues (1). » Parmi les noms de ces collaborateurs, que
le rapport cite en note, on remarque celui de Tronchet,
qui fut plus tard (avec Portalis, Maleville et Bigot-Préameneu), l'un des quatre commissaires chargés de la rédaction du Code civil actuel (2). Un peu plus haut (3),
Jacqueminot parle en ces termes du projet (le troisième
sans doute) présenté par Cambacérès ; « c'est un re-
« cueil de vastes connaissances ; la distribution en est
« simple et belle. Le jurisconsulte, familiarisé avec de
« hautes et profondes méditations, s'y montre à chaque
« page ; mais on y voit aussi quelquefois le sage lui-
« même obligé de payer tribut aux erreurs qui l'assié-
« geaient. L'auteur l'a reconnu et a avoué la nécessité de

(1) Fenet, t. 1, p. 330.

(2) Cette commission fut nommée par arrêté des Consuls, le
24 thermidor an VIII.

(3) Fenet, *ibid.*, p. 329.

« retoucher plusieurs parties de son ouvrage. Aussi nous
« a-t-il secondés dans celui que nous vous offrons. »

Trois matières principales sont indiquées dans le rapport comme « devant être les objets d'une réforme à
« introduire dans le Code civil pour arriver à l'épura-
« tion de nos mœurs. »
Ce sont : 1° les divorces dont la facilité, dit le rapporteur, « est devenue un scandale, et qui doivent être
« assujettis à de lentes et nombreuses épreuves (1) ; »
2° l'autorité paternelle à laquelle il faut restituer « le lé-
« gitime empire qu'elle n'aurait jamais dû perdre (2) ; »
3° le règlement des réserves, de manière à permettre
au propriétaire de disposer librement d'une partie de
sa fortune par des actes de libéralité (3).

Un très-court examen suffit pour reconnaître que le
Code Jacqueminot est, dans les parties qu'il a traitées,
le vrai type du Code actuel ; une foule d'articles du premier sont transcrits littéralement dans le second. Ce

(1) Et cependant le projet ne fait qu'indiquer le divorce, sans
rien réglementer à cet égard (Tit. 1er, art. 67).

(2) L'âge auquel les enfants ne peuvent se marier sans le consentement de leur père et de leur mère est porté à vingt-cinq ans
(Tit. I, art. 9), ce que notre Code civil n'a admis que pour les fils
(art. 148).

(3) Un droit de réserve est encore maintenu aux collatéraux,
mais non au-delà du degré de cousins germains. Et encore pour
ces parents, comme pour les oncles et grands-oncles, la réserve
n'est plus que du quart (Titre *des donations entre-vifs et à cause
de mort*, art. 16), au lieu des cinq sixièmes.

dernier néanmoins s'éloigne encore plus que l'autre des mesures violentes, qui avaient presque anéanti la liberté des dispositions à titre gratuit. Dans le Code actuel, la quotité disponible est plus forte, et on n'y attribue plus, comme fait le projet, une réserve à certains parents collatéraux (1). De même encore notre Code ne s'est point approprié l'article du projet portant que « toute « disposition qui aurait pour objet les dépenses d'un « culte est nulle (art. 32, *ibid.*) » Il fait revivre l'ancienne *révocation* des donations *pour survenance d'enfants*, selon l'Ordonnance de 1731, dont il copie à peu près textuellement les articles, tandis que le projet ne disait rien de cette révocation, et n'accordait que l'*action en réduction* contre ce qui dépasserait la quotité disponible (2).

Un autre échec au système révolutionnaire du morcellement des propriétés se trouve encore dans le projet. On y écarte la représentation à l'effet de succéder en ligne collatérale, excepté au profit des descendants de frères et sœurs du défunt, et encore avec certaines restrictions que notre Code n'a point admises (3).

On commence également à sentir la nécessité de réagir contre le régime de la loi du 17 nivôse an II, adopté

(1) Comp. l'art. 16 précité, Titre *des donations entre-vifs et à cause de mort*, avec les art. 913 à 916 de notre Code.

(2) Titre *des donations*, etc., du projet Jacqueminot, art. 68; Comp. C. civ., art. 960 à 966.

(3) Titre *des successions*, art. 38 et 39; Comp. C. civ., art. 742, où l'on voit la représentation admise à l'infini, dans tous les cas, au profit des descendants de frères et sœurs du défunt.

dans les trois projets de Cambacérès (avant et depuis cette loi), qui mettait au même niveau tous les enfants, légitimes ou naturels. Le rapporteur Jacqueminot accorde que cette égalité est conforme au « vœu de la nature (1) ; » mais, ajoute-t-il, ce vœu lui-même « se « trouve contre-balancé *par la rigueur des principes du* « *droit civil,* par l'intérêt des mœurs, enfin par l'intérêt « public, etc., etc. » On voit que « la rigueur des prin- « cipes du droit civil, » c'est-à-dire des règles traditionnelles sur la matière, est présentée ici en première ligne, comme contre-balançant des motifs de l'ordre purement naturel.

De là l'idée d'un terme moyen à prendre dans cette matière. On était d'accord pour écarter la sévérité de l'ancien droit, qui réduisait l'enfant naturel à une simple pension alimentaire. D'un autre côté, on ne voulait plus lui accorder un état de parenté et de famille égal à celui de l'enfant légitime, c'est-à-dire un droit pareil de succéder, non-seulement à ses père et mère, mais encore à tous ses parents, ascendants ou collatéraux. Maintenant quel devait être ce terme moyen entre les deux extrêmes ? Là était le grand embarras, comme il arrive si souvent dans les essais de transaction entre des principes contraires. Aussi les membres de la Commission furent-ils très-partagés sur ce point (2).

(1) Titre *des successions,* chap. 4 (*des successions irrégulières,* etc., Fenet, tit. 1, p. 404). Les divisions de ce Titre sont presque les mêmes dans notre Code, où l'expression de *successions irrégulières* est aussi adoptée. (Liv. III, tit. 1, chap. 4.)

(2) Fenet, t. 1, p. 404 et suiv.

Les uns maintenaient en entier les droits de l'enfant naturel dans la succession des pères et mères d'abord, puis des frères et sœurs, légitimes ou naturels, et descendants d'eux. Ils consentaient à ce qu'on lui refusât toute vocation aux biens du reste de la famille.

Les autres (nous copions ici les termes du rapport) désiraient que le droit « fût borné à la succession des « pères et mères, et qu'il fût même accordé à l'enfant « naturel, moins au titre honorable d'héritier qu'à titre « d'une créance fondée sur la loi naturelle et sur l'é-« quité. »

Dans les deux systèmes on convenait que, succédant à ses père et mère, l'enfant naturel ne prendrait qu'une portion de ce qu'il aurait eu s'il eût été légitime ; la moitié s'il concourait avec des descendants légitimes, les deux tiers dans les autres cas.

En présence de difficultés aussi grandes, la Commission n'osa trancher la question ; elle prit le parti de s'en référer purement et simplement à l'arbitre suprême, le législateur, en lui indiquant, sur deux colonnes placées en regard l'une de l'autre, deux projets de loi rédigés dans l'esprit de chacun des deux systèmes.

C'est le second qui a passé dans le Code actuel et qui nous régit depuis plus de soixante ans ; il ne semble pas avoir été mal accueilli par l'opinion. Ainsi, l'enfant naturel succède à ses père et mère, mais non à leurs parents légitimes (1) ; ce qu'il obtient, en concours avec la famille, n'est qu'une portion de ce qu'il aurait eu

______

(1) Il succède à ses frères et sœurs *naturels* (C. civ.. art. 766).

s'il eût été légitime. Enfin il n'est pas *héritier* ou, en d'autres termes, il n'a pas la *saisine*, ce qui l'oblige à former une demande en délivrance (1).

Le Titre *des droits respectifs des époux*, le dernier du projet, contient, après quelques *dispositions générales*, l'exposé, en 154 articles, du régime de la communauté légale et des principaux régimes de communauté conventionnelle. Il est facile de reconnaître que ce travail n'est, à peu de chose près, qu'un résumé, très-habilement fait, de deux ouvrages classiques de Pothier sur la même matière (2). Les rédacteurs indiquent eux-mêmes qu'ils n'ont voulu que reproduire l'ancien droit coutumier sur la communauté entre époux ; car, dans une note (3), voulant s'excuser de la longueur de cette partie du travail, ils expliquent que « la communauté légale « devant, d'après le projet, devenir le droit commun de « tout le territoire de la République... on a cru, pour « l'instruction des pays dans lesquels ce droit était jus- « qu'ici totalement inconnu, devoir donner à ce Titre « plus d'étendue et de développement que cela n'eût peut- « être paru nécessaire, si la loi avait pu ne concerner « que les pays coutumiers, où cet usage était familier. »

Cette partie du travail a été elle-même reproduite par les auteurs de notre Code, et dans les deux premiers chapitres de leur Titre *du contrat de mariage*, presque

(1) C. civ., art. 756, 757 et 773.

(2) *Traité de la communauté, et Introduction au Titre X de la coutume d'Orléans.*

(3) V. Fenet, t. 1, p. 432.

toujours ils se bornent à copier les articles du projet de Jacqueminot.

En résumé, on voit que, même aux époques les plus agitées de la Révolution, notre droit civil est demeuré intact dans son ensemble, sauf les modifications signalées plus haut, que les événements politiques rendaient ou semblaient rendre nécessaires. Les hommes politiques d'alors, chargés de la grande œuvre de rédaction d'un Code civil (dont on se promettait des merveilles pour les progrès de l'avenir), n'ont fait, en général, que mettre en articles le droit courant, le droit bien connu par les jurisconsultes, formé par l'expérience et la logique des siècles, et enraciné dans la conscience et dans les habitudes de la nation.

Ces travaux préparatoires, avec leurs mérites divers comme essais législatifs, ont tous été utiles, surtout les deux derniers, plus soignés que les autres et médités dans des temps plus calmes (1). Ils ont fourni de précieux matériaux pour le Code actuel (décrété en 1803 et 1804), dont les rédacteurs portent les noms illustres de Portalis, Tronchet, Bigot-Préameneu et Maleville.

On ne s'étonnera donc pas si aujourd'hui, sur tant de matières différentes, notamment sur la propriété, les successions, les donations entre-vifs, les testaments, les contrats et les obligations, d'anciens ouvrages d'auteurs français, tels que ceux de Pothier, d'anciens textes de coutumes et d'ordonnances, et enfin d'innombrables textes de jurisconsultes romains servent encore jour-

(1) Le troisième projet de Cambacérès et celui de Jacqueminot.

nellement, dans nos écoles, à l'interprétation du Code civil. L'esprit général de ce Code a bien été, ainsi que nous avons dit en commençant, de rester fidèle aux traditions antérieures, en les accommodant aux nécessités de l'époque. C'est ce que Portalis n'a cessé de proclamer dans ses discours et dans ses exposés de motifs. Nous l'avons déjà cité plusieurs fois ; mais comme son autorité est des plus grandes, nous ne croyons pouvoir mieux terminer que par les deux passages suivants que nous lui empruntons : « Quelle tâche que la rédaction d'une « législation civile pour un grand peuple ! L'ouvrage « serait au-dessus des forces humaines, s'il s'agissait « de donner à ce peuple une institution toute nouvelle, « et si, oubliant qu'il occupe le premier rang parmi les « nations policées, on dédaignait de profiter de l'expé- « rience du passé et de cette tradition de bon sens, de « règles et de maximes, qui est parvenue jusqu'à nous « et qui forme l'esprit des siècles (1). »

Et ailleurs (2) :

« Pourquoi aurions-nous eu l'imprudence de répudier « le riche héritage de nos pères ? »

« Cependant, il faut l'avouer, il se trouve dans la « durée des États des époques décisives où..... une na- « tion..... peut proscrire des abus qui l'accablaient, et « reprendre, à certains égards, une nouvelle vie. »

« Mais alors même, si cette nation brille déjà depuis

---

(1) *Discours préliminaire prononcé lors de la présentation du projet de la commission du Gouvernement* (Fenet, t. 1, p. 466).

(2) Présentation au Corps législatif et exposé des motifs du Titre préliminaire du Code civil (Fenet, t. 6, p. 39).

« longtemps sur la terre ; si depuis longtemps elle oc-
« cupe le premier rang parmi les peuples policés, elle
« doit encore ne procéder à des réformes qu'avec de
« sages ménagements. Elle doit, en s'élevant avec la
« vigueur d'un peuple nouveau, conserver toute la ma-
« turité d'un ancien peuple. »

Orléans. — Imp. Ernest Colas.

www.ingramcontent.com/pod-product-compliance
Lightning Source LLC
Chambersburg PA
CBHW051241030726
47595CB00003B/1032